최재천 변호사의 상속 설계

인 생 의 마 지 막 설 계

최재천 변호사의
상속 설계

폴리테이아

얼마 전 세상을 뜬 존 매케인(John McCain) 전 미국 상원 의원이 뇌종
양 판정을 받았던 것은 지난해 여름. 그날 이후 매주 금요일마다 워싱
턴 국회의사당에서는 의원의 죽음을 '맞이하는' 대책 회의가 열렸다.
회의의 주재자는 매케인 자신. 일 년 가까이 열린 회의에서 그는 장례
식 관련 일정 및 참석자, 연주될 곡목부터 낭송할 시는 물론, 관을 운
구하는 사람과 동선에 이르기까지 모든 것을 결정했다. 나중에 보좌
관이 회고했다. 회의가 너무 힘들어 끝나면 보좌관들은 술집에 가곤
했다고. 하지만 매케인은 마치 선거 캠페인 전략을 짜듯 아주 냉철하
게 회의를 이끌었다고 했다. 오로지 전쟁 영웅 출신의 매케인이었기
에 가능했던 것일까.

"죽음을 받아들이는 것은 제대로 된 삶을 살기 위한 중요한 요소이다. 죽음을 수용하고, 죽음을 더 가까이하고, 죽음을 제대로 바라볼 때, 삶에 더 충실할 수 있다."라고 했다.[*] 왜 죽음을 준비하지 않는 것일까. 죽는다는 것은 절대 불변의 진리임에도 왜 죽음을 준비하는 일을 애써 외면하는 것일까. 죽음에 대해 언급하는 것은 여전히 기분 나쁜 일일까. 유언장은 저승사자에게 보내는 무언의 초청장일 수밖에 없는 것일까. 다들 그렇지 않다는 것을 알면서도 왜 죽음과 죽음 전후를 준비하는 데 그토록 게으른 것일까. 죽음에 대한 문화적 차이가 결정적일 수밖에 없다는 것인가.

젊은 시절에는 주로 환자 측 전문 의료사고 변호사로 일했다. 이를 계기로 삶과 죽음에 대한 학문, 요즘 표현으로는 '죽음학'에 대해 대학에서 강의하기도 했다. 관심의 연장이었던 모양이다. 수년 전 번역서를 보다가 '상속 설계'(Estate Planning)라는 단어와 법률 비즈니스 모델이 눈에 들었다. 어차피 변호사로 돌아가기로 예정했기에 그때부터 상속 설계에 관심을 갖기 시작했다. 새롭게 법무 법인을 차려놓고 여러 갈

* 칼렙 와일드, 『길들여지지 않는 슬픔에 대하여: 생의 마지막 순간에 나눈 침묵의 인사』(살림, 2018).

래를 모색했다. 시행착오를 거듭하다가『조세일보』에 '최재천의 상속 설계 이야기'를 연재하게 됐다. 연재로는 부족해 나머지를 새롭게 써서 담게 됐다. 그렇게 해서 내놓은 책이 이 책이다.

혼자서 되는 일은 아무것도 없다. 이 책이라고 예외일 수 있겠는가. 검찰에서 지청장을 거쳐 국세청 감사관으로 일했던 양근복 변호사가 전문적인 도움을 나눠주었다. 역시 상속 세무 전문가인 강동우 세무사의 공헌 또한 정성스러웠다. 목차와 내용을 통해 이해할 수 있겠지만 상속 설계는 대단히 종합적이고 전문적일 수밖에 없다. 공동의 노력을 함께 기울여 가겠다는 약속을 기록해 둔다. 법무법인 헤리티지에서 온갖 뒷감당과 전문성을 나눠 담아 준 변호사 두 분이 있다. 박영재 변호사와 조성환 변호사다. 감사의 인사를 적어야겠다.

특별한 감사의 인사를 기록해 두어야 할 분이 있다. 인생의 스승이신『조선일보』논설 고문 강천석 전 주필이시다. 처음부터 상속 설계의 가치를 인정해 주셨고, 격려해 주셨고, 재촉해 주셨다. 20여 년 넘게 나눠 주신 지혜와 은혜에 어떻게 보답할 수 있을까. 진심으로 머리 숙여 존경의 인사를 올린다.

서문을 끝내려니 떠오르는 분이 한 분 더 있다. 잠시 여의도에서 일했을 때 '말과 글'의 정교함과 영향력에 대해 늘 가르침을 주셨던 선배 정치인이다. 상속 설계 텔레비전 광고를 만들어야 했을 때 그분이 생각났다. 감히 부탁드렸다. 빨간 펜을 들고 고쳐 주셨다. 현실 정치에 대해서도 훌륭한 선생님이셨다. 하마터면 감사의 인사를 빠뜨릴 뻔했다. 김한길 전 대표의 건강을 진심으로 기원 드린다. (초판 서문을 쓸 때만 해도 김 전 대표는 자신의 건강 상태를 알리지 않은 상태였다. 그래서 조심스럽지만 이렇게 쓸 수밖에 없었다. 그런데 얼마 뒤 김 전 대표 스스로 폐암 4기 투병 중임을 세상에 공개했다. 재판 서문을 쓰는 지금도 굳건하게 병마와 싸우고 계신다. 많이 좋아지고 있는 것으로 알고 있다. 그래서 다시 한 번 마음과 정성을 경건하게 모은다. 하루빨리 박차고 일어나 함께 봄꽃 구경 가실 수 있길 간절히 기도드리며.)

광화문에서

최재천

2

상속 설계 솔루션 기초편

3

상속 설계 솔루션 심화편

4 상속 설계 십계명

1

상속 설계

인생의
마지막 설계

삶의 마지막에 당신은 무엇을 후회할까?

1
01

나의 죽음을 통해 본
상속 설계

"늙으나 젊으나 죽기는 매한가지

어짊과 어리석음을 가늠할 수 없네.

취하면 잊을 수 있다 하나

오히려 늙음을 재촉하는 것.

선한 일을 이루면 기쁘다 하나

누가 있어 그대를 알 것인가.

너무 깊게 생각하면 도리어 삶이 다치게 되니

마땅히 대자연의 운에 맡겨 두어야지.

커다란 조화의 물결 속에서(縱浪大化中)

기뻐하지도 두려워하지도 말게나(不喜亦不懼).

끝내야 할 곳에서 끝내 버리고(應盡便須盡)

다시는 혼자 깊이 생각 마시게(無復獨多慮)."*

— 도연명(陶淵明), "신석"(神釋)

내가 죽었다. 영원히 살 것 같던 내가 죽었다. 평생 나만 바라보고 50년을 함께 살아온 아내는 처절한 슬픔에 젖어 있다. 아들은 제법 의연하려 하지만 내가 정말 예뻐했던 딸의 눈물이 내 가슴을 찢어 놓는다. 영혼은 사랑하던 아내와 아들딸의 곁을 떠날 수 없다. 아들이 의사와 상의하더니 사망진단서를 발급받았다. 팔십 평생을 함께해 온 내 몸뚱어리는 영안실 시체 안치실로 들어갔다. 아내와 아들딸은 황망함 속에 장례 절차를 진행하고 있다. 친인척들이 슬픔 속에 모여든다.

벌써 죽은 지 사흘째, 이제 그리운 부모님을 만나러 간다. 장인, 장모님도 하늘나라에서 뵐 수 있기를 희망한다. 먼저 떠났던 친구들도 만날 수 있을까? 그곳에는 과연 또 다른 만남과 기쁨이 존재할까?

영원한 안식과 평화를 기대한다. 내가 이번 생에 저지른 수많은 일이 스쳐 간다. 내 영혼은 과연 어디로 인도될 것인가? 함께 늙은, 몇몇 남지 않은 동창, 친구들이 마지막 가는 길을 배웅하기 위해 모여든다.

아내는 혼절했다, 깨어났다를 반복한다. 그토록 사랑했던 딸아이의

---

* 중국 인문학의 태두였던 지셴린(季羨林)은 이 시의 마지막 네 구절을 인생의 좌우명으로 삼았다. 지셴린 지음, 허유영 옮김, 『다 지나간다』(추수밭, 2009).

눈물은 그칠 줄 모른다. 나는 이제 화장장으로 들어간다. 두렵다. 하지만 고맙다. 참으로 고맙다.

죽은 지 4주가 지났다. 내가 살던 동 주민센터에 사망신고서가 제출됐다. 아들과 사위가 '안심 상속 원스톱 서비스'라는 것을 통해 상속재산을 조회하고 있다. 두 사람 사이의 관계가 뭔가 이상하다.

아차! 내가 친구에게 사업 자금으로 빌려주고 아직 받지 못한 수억 원의 채권이 있다. 아내조차 모르는 일이다. 채권 관계를 기록한 서류는 책장 어느 모서리, 나만 아는 책 속에 끼워 두었는데 아들과 사위는 모르는 것 같다. 친구는 아직 이 일을 우리 집에 알리지 않고 있다.

이것저것 정리하고 나니 상속받을 재산이 조금 된다. 혹시 서로가 서로에게 숨기는 재산이 있는지 아들과 사위 간에 갈등이 시작됐다. 며느리와 딸 사이도 마찬가지다. 아내만 중간에서 고통스럽다. 상속 설계를 하지 않았다. 유언장도 남기지 않았다. 후회스럽다. 상속재산을 놓고 벌어지는 갈등과 반목이 심상치 않다.

내가 세상을 떠난 지 벌써 3개월이 다 되어 간다. 아내와 자녀들이 상속받을지 말지를 결정해야 할 시간이다. 법은 3개월로 정해 두었다. 다행이다. 내가 남긴 빚보다는 재산이 더 많다고 평가한 것 같다.

벌써 6개월이 다 되어 간다. 아파트를 팔아서 나눌지, 그냥 한 채씩 나눠 가질지를 놓고 아들과 사위 간에 싸움이 벌어졌다. 옛날 동전과 화폐 모으기가 특별한 취미였는데, 이것을 두고도 싸움이 붙었다. 떠났지만 떠난 게 아니다. 육체적 고통이야 잊은 지 오래지만, 마음의 평화를 잃은 지 오래다.

상속재산 분할은 법이 정한 6개월 내로 결정해야 하는데 누가 이 싸움을 중재할 수 있을까. 서둘러 관할 세무서에 신고하고 상속세를 내야 할 텐데. 내가 살아 있었더라면 세금 일이야 후배 세무사와 상의해서 해냈을 텐데.

오늘은 내가 세상을 떠난 지 딱 1년이 되는 날이다. 하필 오늘 세무조사가 나왔다. 부인과 아들만 향을 사르고 있다. 딸은 오지 않았다.

슬프다.

"우리는 걸어가고 있다.

우리 앞에 있는 것은 이 세상에서 나가는 문이다."

— 자오푸라오(趙朴老)

사망 후 절차

1. 사망 당일 : 사망진단서 또는 사체검안서 발급

2. 사망일로부터 3~5일 이내 : 장례 절차 진행

3. 사망일로부터 1개월 이내
   ① 사망신고서 제출 : 〈가족 관계의 등록 등에 관한 법률〉 참고
   ② 상속재산 조회 : 행정안전부 참고

4. 상속 개시 있음을 안 날로부터 3개월 이내
   ① 상속 단순승인, 상속 포기, 한정승인 여부 판단
   ② 한정승인 및 상속 포기 신고 : 상속 개시가 있음을 안 날로부터 3개월 이내에 상속재산의 목록
      을 첨부하여 피상속인의 주소지 관할 가정법원에 신고해야 함.

5. 상속 개시 후 6개월 이내
   ① 상속재산의 분할 방법 결정 : 유언, 협의, 조정 · 심판 등에 의한 분할
   ② 상속세 신고 및 납부 : 국세청 참고
   ③ 취득세 신고 및 납부
   ④ 상속재산 소유권 이전 등기

6. 상속 개시 후 2년
   ① 상속세 세무조사 : 일반적으로 상속세 신고 후 6개월~2년 이내에 세무조사

안심 상속 원스톱 서비스 [*]

1. 안심 상속 원스톱 서비스란?

피상속인이 사망한 경우, 행정안전부에서 제공하는 안심 상속 원스톱 서비스를 이용하면 상속
인은 한 번의 신청으로 피상속인의 금융거래, 토지, 자동차, 세금 등을 종합적으로 확인할 수 있
다. 안심 상속 원스톱 서비스를 이용하여 피상속인이 남긴 상속 재산과 부채를 정확히 파악함으
로써 공제받을 수 있는 부채를 공제받을 수도 있고, 억울한 가산세를 피할 수도 있다.

2. 신청 자격 및 이용 절차

신청 자격	· 민법상 제1순위 상속인(직계비속, 배우자) 단, 제1순위 상속인이 없는 경우는 2순위 상속인(직계존속, 배우자)이, 1·2순위가 없는 경우는 3순위 상속인이 신청 가능 · 대습상속인 · 실종선고 전의 상속인
신청 방법	· 사망신고 할 때 가까운 시청이나 구청, 읍·면·동 주민센터를 방문하여 신청 · 사망신고 이후에 신청할 경우에는 사망일이 속한 달의 말일부터 6월 이내 신청 가능
구비 서류	· 상속인이 신청할 경우에는 상속인 본인의 신분증 지참 · 대리인이 신청할 경우에는 대리인의 신분증, 상속인의 위임장, 상속인의 본인 서명 사실 확인서(또는 인감증명서) 지참 · 사망신고 이후에 신청할 경우에는 가족 관계 증명서 제출

[*] "사망자 등 재산조회 통합처리에 관한 기준"(행정안전부 예규 38호), 국세청, 『2018 세금절약 가이드Ⅱ』(국세
청, 2018).

3. 조회 내용

금융거래	· 은행, 농협, 수협, 신협	· 신용보증기금, 기술신용보증기금
	· 산림조합, 새마을금고	· 주택금융공사
	· 상호저축은행	· 한국장학재단
	· 보험회사, 증권회사	· 미소금융재단
	· 자산운용사, 선물회사	· 한국자산관리공사
	· 카드사, 리스사	· 우정사업본부
	· 할부금융회사, 캐피탈	· 종합금융회사
	· 은행연합회	· 대부업 신용 정보
	· 예금보험공사, 예탁결제원	컨소시엄 가입 대부업체
국세	· 국세 체납액	· 환급 세액
	· 납부 기한이 남아 있는	
	미납 국세	
연금	· 국민연금	· 사립학교 교직원 연금 가입 유무
	· 공무원 연금	
토지	· 개인별 토지 소유 현황	
지방세	· 지방세 체납 내역	· 환급 세액
	· 납부 기한이 남아 있는 미납 지방세	
자동차	· 자동차 소유 내역	

4. 조회 결과 확인 방법

· 상속인이 사망자 재산 조회 통합 처리 신청서에 기입한 조회 결과 확인 방법에 따라 안내.

· 자동차 정보는 접수 시, 토지 · 지방세 정보는 7일 이내, 금융 · 국세 · (국민 · 공무원 · 사학) 연금 정보는 20일 이내에 결과 확인.

금융 거래	금융감독원 www.fss.or.kr
국민연금	국민연금공단 www.nps.or.kr
국세	국세청홈텍스 www.hometax.go.kr
토지, 지방세, 자동차	직접 방문 수령, 우편, 문자(SMS) 중 선택

안심 상속 원스톱 서비스 신청 화면

사망자 등 재산조회 통합처리 신청(안심상속)

처리(접수)기관

처리(접수)기관선택*	검색	
	※처리(접수)기관 선택시, 전국 읍면동중 신청인이 사망자 재산조회 통합처리를 원하는 기관을 선택하여 주시기 바랍니다.	

신청인(상속인)

※ 사망자와의 관계가 자녀, 부모, 배우자가 아닌 사람은 온라인 신청을 할 수 없습니다. 제1순위 상속포기로 인한 제2순위 상속인, 제3순위 상속인(형제·자매), 대습상속인, 후견인은 시·구, 읍·면·동을 방문하여 신청하시기 바랍니다.

신청구분*	●상속인		
성명*	신청인	주민등록번호*	□ - □
		사망자와의 관계*	선택하세요
		집전화	

	휴대전화*		전자우편

주소*	기본주소	주소검색	
	상세 주소		예)101동 501호(인사동,무궁화아파트)

※ 신청인 명의 휴대전화 또는 전자우편은 금융감독원 홈페이지에서 금융내역 결과확인시 본인 인증을 위해 필요한 사항으로 둘 중 하나는 필수 입력사항입니다.

사망자

성명*		주민등록번호*	□ - □ 사망여부
사망일*	□ 년 □ 월 □ 일		
휴대전화		※ 상조회사 가입유무 확인을 원하는 경우 입력	

사망자 재산조회 내용*

※ 전체선택을 할 경우 토지, 지방세, 자동차의 확인방법은 문자(SMS)로 기본 선택됩니다. [전체선택] [전체해제]

금융내역	조회대상	□금융기관 전체 □예금보험공사 □은행 □우체국 □생명보험 □손해보험 □금융투자회사 □여신전문금융회사 □저축은행 □새마을금고 □산림조합 □신용협동조합 □한국예탁원 □종합금융회사 □대부업협회 □한국신용정보원
	결과확인방법	문자(SMS) 및 금융감독원 홈페이지(www.fss.or.kr)
국세	조회대상	□국세 체납액 및 납부기한이 남아 있는 미납 세금, 환급금
	결과확인방법	문자(SMS) 및 국세청 홈택스(www.hometax.go.kr)
연금	조회대상	□국민연금 가입 및 대여금 채무 유무 □공무원연금 가입 및 대여금 채무 유무 □사립학교교직원연금 가입 및 대여금 채무 유무 □군인연금 가입 유무
	결과확인방법	(국민연금) 문자(SMS) 및 국민연금공단 홈페이지(www.nps.or.kr) (공무원·사립학교교직원·군인연금) 문자(SMS)
토지	조회대상	□개인별 토지 소유 현황
	결과확인방법	○문자(SMS) ○우편 ○지적부서 방문수령
지방세	조회대상	□지방세 체납내역 및 납부기한이 남아 있는 미납 세금, 환급금
	결과확인방법	○문자(SMS) ○우편 ○세무부서 방문수령
자동차	조회대상	□자동차 소유내역
	결과확인방법	○문자(SMS) ○우편 ○접수처 방문수령
신청일	2018 년 09 월 03 일	

1
02

인생의 마지막 설계는
'상속 설계'입니다

"우리는 살아 있는 시간보다 더 오랜 시간을 죽어 있어야 한다."

— 마이클 킨슬리(Michael Kinsley)

인간이 죽음을 준비해야 하는 하나의 이유다. 그럼에도 죽음을 미리 떠올려 보는 건 쉽지 않다. 두려운 일이기 때문이다. 그래서 늘 미루고, 애써 회피한다. 하지만 준비가 덜 된 죽음은 미련일 수 있으며 고통일 수도 있다.

인연을 소중히 여겨 '손 글씨'로 쓴 편지와 연하장을 매년 2만 장이나 보내는 올해 일흔여섯의 일본인 변호사가 있다. '운을 읽는 변호사'라고 불리는 니시나카 쓰토무(西中務)다.

"오랜 변호사 경험으로 볼 때 운에 가장 치명적인 분쟁은 무엇인가?"

"상속 분쟁이다. 상속 다툼은 반드시 자식 대에까지 나쁜 영향을 미친다. 가장 큰 불운이다."

국내 재벌 대기업 2곳 가운데 1곳은 형제 등 혈족 사이에 상속재산이나 경영권을 두고 다툼을 벌이고 있다. 2014년 〈재벌닷컴〉에서 공정거래위원회 자산 기준 40대 재벌 그룹을 분석한 결과, 형제간의 상속·경영권 분쟁이 있었던 그룹이 17곳이나 됐다. 삼성과 씨제이(CJ) 간의 상속 분쟁, 현대 가(家), 한화그룹, 태광그룹의 상속 분쟁, 롯데 가의 부자·형제 사이 분쟁이 쉽게 떠오른다.

세상의 흐름을 날카롭게 예측해 냈던 선대 경영인들은 왜 이를 예측하지 못했을까? 왜 준비하지 않았을까? 내세관에 따라 다르겠지만 이들 선대 피상속인의 마음은 어쩌면 평화롭지 않았을지도 모른다.

설계 없는 인생은 없다. 그렇지 않다면 인생은 소일(消日)에 불과할 것이다. 그래서 다들 인생을 계획하고, 설계하고 또 준비한다. 인생의 설계에는 여러 단계가 있다. 학업 설계, 결혼 설계, 내 집 마련 설계, 재무 설계, 은퇴 설계, 노후 설계 등이 그것이다. 그런데 결정적으로 놓친 게 하나 있다. 바로 '상속 설계'다.

무슨 상속 설계냐고? 미국 등 해외에는 '상속 설계'(Estate Planning)가 이미 보편화되어 있다. 재무 설계만큼이나 오랜 전통을 가지고 있으며, 상속 설계 서비스를 제공하는 전문 로펌이 즐비하고, 전문 서적은 물론 전문학회도 다수다.

작년 뉴욕 변호사협회 연례 세미나의 주제가 "외국에 있는 상속 자산을 어떻게 처리할 것인가"였을 정도다. 이웃 일본에는 '슈카츠'(しゅうかつ, 終活, 종활)라는 개념으로 자리 잡았다. 신문에 공고를 내고 '생전 장례식'을 치르기도 한다. 고마운 분들과 미리 작별 의식을 행하는 것이다.

내가 묻힐 장소를 미리 답사하는 프로그램도 있다. 인터넷 비밀번호 등 디지털 유품을 전문적으로 처리하는 로펌만도 수십 군데다. 로펌이 나서서 의료·세무 등 분야의 전문가들과 협력해 죽음과 관련된 서비스를 제공한다. 범위를 좀 더 줍히면 상속과 관련된 종합 서비스를 제공하는 것이 상속 설계인데, 우리 사회에는 아직 익숙하지 않은 개념이다.

사실 상속 없는 나라는 세상에 없다. 가족법과 세법에 상속 제도가 존재하는 이상 상속 서비스는 존재하기 마련이다. 그래서 유언장이나, 재산 상속, 상속세 납부를 도와주는 법률·세무 서비스는 우리에게도 익숙하다. 금융회사의 각종 재무 설계도 상속 서비스를 이야기하지만, 실상은 금융 상품 판매 전략에 불과하다. 우리네 상속 서비스는 딱 여기까지다.

시대는 '토털'(total)이자 '융합'이며, '원스톱'이다. 죽음을 피할 수 없기에 상속이라는 절차는 어느 인생이건 맞닥뜨려야 할 마지막 법적 절차다. 그래서 준비가 필요하다. 아울러 정리가 필요하고, 이는 마땅히 자기 결정에 따른 것이어야 한다. 하지만 언젠가 죽음을 맞이할 우리 모두에게 금융·법조·세무업계 어디에도 주체적이고 종합적 의미의 '상속 설계'는 없다.

상속 설계는 단지 재산 상속만의 문제가 아니다. 내 명예, 내 의지, 내 역사, 내 유품을 세상과 후손들에게 남기는 마지막 설계다. 상속 설계는 상속세만의 문제도 아니다. 물론 적정한 상속세 납부와 절세는 기본이지만, 제대로 된 상속 의지를 담고 법적 요건을 갖춘 유언장을 정비해 두는 것 또한 중요한 절차다.

평생 쌓은 자산과 명예를 사후에도 어떻게 지켜 나갈 것인지를 준비하는 것은 결코 헛된 일이 아니다.

상속재산의 종류 *

1. 상속재산의 종류

상속세 과세대상이 되는 상속재산은 본래의 상속재산과 간주 상속재산, 추정 상속재산으로 구분된다.

본래의 상속재산	• 부동산, 주식, 예금 등과 같이 경제적 가치가 있는 물건 • 특허권, 저작권 등과 같이 재산적 가치가 있는 법률상·사실상 권리
간주 상속재산	• 조세 회피 방지, 실질과세, 과세 형평을 위해 상속재산에 포함 • 보험금, 신탁재산, 퇴직금
추정 상속재산	• 피상속인이 사망하기 전에 재산을 처분하거나 예금을 인출할 경우 그 금액이 일정 금액 이상인 경우에는 상속인에게 자금의 사용처를 입증하도록 규정 • 상속인의 소명 결과 입증하지 못한 금액에서 일정 금액을 차감한 금액은 상속인이 현금으로 상속받은 것으로 추정하여 상속세 과세 가액에 산입

* 국세청 홈페이지, "세액 계산 흐름도,"
https://www.nts.go.kr.

2. 추정 상속재산

· 상속 개시일 전 1년 이내에 2억 원 이상이거나 2년 이내에 5억 원 이상인 경우로 용도가 객관적으로 명백하지 아니한 경우

① 피상속인이 재산을 처분하거나 피상속인의 재산에서 인출한 금액을 지출한 거래 상대방이 거래 증빙의 불비 등으로 확인되지 아니하는 경우
② 거래 상대방이 금전 등의 수수 사실을 부인하거나 거래 상대방의 재산 상태 등으로 보아 금전 등의 수수 사실이 인정되지 아니하는 경우
③ 거래 상대방이 피상속인과 특수 관계에 있는 자로서 사회 통념상 지출 사실이 인정되지 아니하는 경우
④ 피상속인이 재산을 처분하고 받은 금전 등으로 취득한 다른 재산이 확인되지 아니하는 경우
⑤ 피상속인의 연령·직업·경력·소득 및 재산 상태 등으로 보아 지출 사실이 인정되지 아니하는 경우

3. 상속재산으로 보지 않는 경우

· 국민연금법, 공무원연금법, 사립학교교직원연금법, 군인연금법, 산업재해 보상보험법에 따라 지급되는 유족연금, 유족 보상금 등
· 근로자의 업무상 사망으로 인하여 근로기준법 등을 준용하여 사업자가 그 근로자의 유족에게 지급하는 유족 보상금 또는 재해 보상금과 그 밖에 이와 유사한 것
· 교통사고·항공사고 등으로 사망한 경우 유족인 상속인이 수령하는 위자료 성격의 보상금

주요 상속재산의 종류별 평가 방법 [*]

구분	평가 방법
토지	• 개별 공시지가 : 인터넷 www.realtyprice.kr → 개별 공시지가
주택	• 개별 주택 가격, 공동주택 가격 : 인터넷 www.realtyprice.kr → 개별 단독주택 공시 가격, 공동주택 공시 가격
오피스텔 및 상업용 건물	• 상업용 건물/오피스텔 기준 시가 (다만, 고시된 기준 시가가 없을 경우 일반 건물 평가 방법으로 산정) : 국세청 홈택스(www.hometax.go.kr) → 조회/발급 → 기준 시가 조회 → 상업용 건물/오피스텔
일반 건물	• 국세청장이 고시하는 건물 기준 시가 산정 방법에 따라 평가 : 국세청 홈택스(www.hometax.go.kr) → 조회/발급 → 기준 시가 조회 → 건물 기준 시가(양도), 건물 기준 시가(상속, 증여)
임대차계약이 체결된 부동산 등	• 사실상 임대차 계약이 체결되거나, 임차권이 등기된 부동산의 경우 토지의 개별 공시지가 및 건물의 기준 시가와 1년간 임대료를 환산율(12%)로 나눈 금액에 임대 보증금을 합계한 금액을 토지와 건물별로 비교하여 큰 금액
코스피, 코스닥 상장 주식	• 평균 기준일 이전, 이후 각 2월간에 공표된 매일의 거래소 최종 시세 가액의 평균액
비상장 주식	• 1주당 순손익 가치와 순자산 가치를 각각 3분의 2의 비율로 가중 평균한 가액

[*] 국세청 홈페이지, "세액 계산 흐름도,"
https://www.nts.go.kr.

상속세 과세 가액 계산 *

총 상속재산 가액	본래의 상속재산	상속 개시일 현재 피상속인 명의 재산
	간주 상속재산	보험금, 신탁재산, 퇴직금 등
	추정 상속재산	일정 요건에 해당하는 재산 처분 대가, 예금 순인출액 및 채무 부담 가액 일정 요건 : 상속 개시일 전 1년(2년) 이내, 재산의 종류별·채무부담별로 2억 원(5억 원) 이상인 용도를 밝히지 못하는 일정 금액

−		

비과세 상속 재산 가액		전사자 재산, 제사 주재자의 금양임야 등

+		

상속재산 가산 가액	사전 증여 재산	· 상속 개시일 전 10년 이내 상속인에게 증여한 재산 · 상속 개시일 전 5년 이내 비상속인에게 증여한 재산
	〈조세특례제한법〉상 특례 증여 재산	창업 자금 또는 가업 승계 주식·출자 지분

−		

상속재산	과세 가액 불산입 재산	공익법인 출연재산, 공익 신탁재산 등
	채무	상속 개시 당시 피상속인이 부담하여야 할 확정 채무(임대차 보증금, 금융기관 차입금, 사인 간 채무, 사업상 채무 등)
	공과금	상속 개시일 현재 납부할 의무가 있는 조세, 공공요금 등
	장례 비용	· 최하 5백만 원, 증명 서류 입증 시 1천만 원 한도 · 봉안 시설 또는 자연 장지 사용 비용은 증명 서류 입증 시 5백만 원 한도로 추가 공제

=		

상속세 과세 가액		

* 국세청 홈페이지, "세액 계산 흐름도," https://www.nts.go.kr.

상속 공제 개관 *

구분	적용 요건	공제 금액	
인적 공제	배우자	2억 원	5억~30억 원
		• 실제 상속받은 금액이 없거나 5억 원 미만이면 5억 원 공제 • 실제 상속받은 금액이 5억 원 이상이면 실제 상속받은 금액 공제	
	자녀	1인당 5천만 원	
	상속인(배우자는 제외), 동거 가족 중 미성년자	1인당(1천만 원×19세가 될 때까지의 연수)	
	상속인(배우자는 제외), 동거 가족 중 65세 이상 연로자	1인당 5천만 원	
	장애인	1천만 원×기대 여명 잔여 연수	
일괄 공제			5억 원
가업 상속 공제	피상속인이 10년 이상 계속 경영한 가업을 상속하는 경우	가업 상속 재산 가액	10년 이상~20년 미만 : 2백억 원
			20년 이상~30년 미만 : 3백억 원
			30년 이상 : 5백억 원
영농 상속 공제		영농 상속 가액	15억 원
금융 재산 공제	순금융 재산 가액이 2천만 원 이하인 경우	당해 순금융 재산 가액 공제	2억 원
	순금융 재산 가액이 2천만 원 초과인 경우	당해 순금융 재산 가액의 20% 또는 2천만 원 중 큰 금액 공제	
	순금융 재산 가액의 20% 2억 원을 초과하는 경우	2억 원 공제	
재해 손실 공제	신고 기한 이내에 재난으로 인하여 상속재산이 멸실, 훼손된 경우	손실 가액 공제	

* 국세청 홈페이지, "상속세란?" https://www.nts.go.kr.

1
03

죽음을 기억하라,
당신을 기다리는 천사들이 있다

"인생 목표도 이미 정해 놨다. 88세까지 사는 것이다. ······ 그때 딱 맞춰서 죽기가 쉽진 않겠지만 88세가 되는 날까지 살아 있다면 생전 장례식을 미리 치를 생각이다. 나를 도와준 사람들과 나를 이어갈 사람들에게 감사와 격려, 꿈과 용기를 전하고 작별 인사를 나눌 것이다. 장례식을 치르고 나면 죽을 때까지 숨어 지내며 나 혼자서 생을 정리할 것이다."*

— 문영우(여성 속옷 전문 의류업체 엠코르셋 대표)

언론과의 인터뷰에서 밝힌 문영우 대표의 사생관(死生觀)이다. 삶에

---

* 『중앙선데이』(2018/07/28).

대한 주체적 의지와 생에 대한 감사, 그리고 사랑하는 사람들에 대한 존중이 아름답다. 그렇다. 죽음에 대해 이토록 명료한 의지를 가질 수 있다는 것은 그만큼 삶에 대해 치열했다는 의미일 게다.

메멘토 모리(Memento mori)라는 말이 있다. 같은 제목의 서양 그림이 넘쳐 난다. 라틴어로 "죽음을 기억하라"는 말이다. 왜 서양 사람들은 이 경구를 그토록 되뇌었을까.

지금까지 인류라는 이름으로 세상을 살다 간 사람의 숫자를 계산한 학자들이 있다. 물론 고고학적 발굴에 따라 그 숫자는 변할 것이다. 진화의 단계도 그만큼 세분화될 것이고 그에 따라 영장류라는 인간의 범주도 달라질 것이기 때문이다. 어찌 됐건 학자들은 지금까지 지구상에 살다 간 인간의 숫자를 대충 1천억 명 내외로 계산한다. 그렇다면 뻔한 질문을 던질 때다.

인류의 역사가 시작된 이래, 그때부터 지금까지 영원을 살아온 사람이 있을까. 아니 영원 근처라도 살다 간 사람이 있을까. '삼천갑자(1만8천 년)' 동방삭은 그저 전설 속의 나이일 뿐이다. 그런데도 인간들은 깜빡깜빡 잊고 산다. 그렇다고 죽음의 무게에 가위눌려 살자는 것은 아니다. 영원히 살 것처럼 일해야 하지만 그렇다고 죽음의 숙명을 잊어서는 안 되는 법. 죽음에 대해 묵상할수록 삶은 아름다운 것이고, 삶에 대한 열정은 더욱 치열해질 수밖에 없다.

엘리자베스 퀴블러 로스(Elizabeth Kübler Ross)는 정신의학자이자 호스피스 운동의 선구자이다. 다음은 그의 자서전 첫 문장이다.

"사람들은 나를 〈죽음의 여의사〉라 부른다. 30년 이상 죽음과 죽음 이후의 삶에 대해 연구해 왔기 때문에 나를 죽음의 전문가라고 믿는 것이다. 그러나 그들은 정말로 중요한 것을 놓치고 있는 것 같다. 내 연구의 가장 본질적인 핵심은 삶의 의미를 밝히는 일에 있었다."

그는 어릴 때 병원에 입원한 적이 있었다. 같은 병실에는 그보다 두 살 더 많은 소녀가 있었는데 고아였다. 소녀는 늘 졸고 있었다. 두 사람은 서로 말을 건네진 않았다. 눈빛만 교환하는 친구였다. 어느 날, 깊은 잠에서 깨어나 보니 고아 소녀가 그를 조용히 지켜보고 있었다.

"괜찮아. 나를 기다리는 천사들이 있는걸."

얼마 뒤 고아 소녀는 세상을 떠났고 그는 살아남았다. 그때 그 병실에서의 기억과 고아 소녀가 남기고 간 평화가 그녀를 '죽음의 여의사'로 이끌었다. 그녀는 이후 1969년에 세계적 명저 『죽음과 죽어감』*을 출간했다. 이미 이 분야의 고전이라 할 만한 책이다.

사마천(司馬遷)은 『사기』(史記)에서 인생의 유한성을 "하늘 아래 쫓겨나오지 않은 문장이란 없다."라는 말로 표현했다. 인생의 유한성이야말로 삶의 전제조건이자 충분조건이다. 유한하기 때문에 더욱 치열해야 하고, 더욱 간절해야 한다. 더더욱 압축적이어야 한다. 그래서 이 책에서 줄곧 강조하고 있지만, 상속 설계는 죽음의 설계가 아니다. 생의

* 엘리자베스 퀴블러 로스 지음, 이진 옮김, 『죽음과 죽어감』(청미, 2018).

설계다. 삶의 설계다. 상속 설계는 사후 설계가 아니다. 생전 설계다.

상속 설계는 초월자의 설계가 아니다. 인간으로서 본성에 기반을 둔 이성의 설계다. 상속 설계는 자녀의 삶에 대한 설계가 아니다. 나의 삶에 대한 설계다. 나아가 생사를 초월한 자아의 연속성에 대한 설계다. 그래서 상속 설계는 마침표가 아니다. 최소한 쉼표이거나 어쩌면 접속사다. 상속 설계는 결코 고립된 이례적 설계가 아니다.

태어나서 죽음에 이르기까지 계속되어 온, 연속된 설계의 부분이요, 과정일 뿐이다.

"괜찮아. 나를 기다리는 천사들이 있는걸."

1
04

당신은 상속 계획을
세우셨나요?

고대 메소포타미아 우르크라는 도시의 왕 '길가메시'(Gilgamesh)는 3분의 2는 신이고, 3분의 1은 인간인 초인적인 존재다. 하지만 그 3분의 1 때문에 죽음을 피할 수 없는 인간의 속성을 갖는다.

어느 날 가장 친한 친구의 죽음을 맞이하고 그는 자신도 죽을 수밖에 없는 존재임을 깨닫는다. 왕은 죽음을 정복하기로 결심하고 길을 떠난다. 그리고 우여곡절 끝에 영원한 젊음을 선사하는 불로초를 얻는 데 성공한다. 그러나 돌아오는 도중 불로초를 뱀에게 빼앗기고 만다. 우르크로 돌아온 왕은 어느 술집 주인에게서 "비탄에 빠지는 대신 지금의 삶에 충실하고 죽음을 받아들이라."는 충고를 듣는다. 삶을 긍정하되 죽음을 극복할 수 없는 인간의 한계, 이것이 인류의 가장 오래된 서사시라는 『길가메시 서사시』*가 여전히 고전인 이유다.

길가메시 이야기의 전후인 청동기시대에는 평균 기대 수명이 만 18세였다. 로마 시대에는 평균연령이 약 35세 정도로 높아졌다. 20세기 초반 미국인들의 기대 수명은 47세에 불과했다. 2018년 한국인의 기대 수명은 82.1세다. 1백 년 동안 기대 수명은 대체로 크게 늘었다. 그렇다고 죽음이 극복된 건 아니다. 그저 지연됐을 뿐.

세계 1위 점유율을 자랑하던 손톱깎이 회사 '쓰리세븐'(777)은 지난 2008년 창업주가 급작스럽게 타계하면서 위기를 맞이했다. 상속세가 문제였고, 준비가 부족했다. 아울러 가업 승계에 대한 법·제도 또한 미비했다. 유족들은 상속세 재원을 마련하지 못해 일단 회사를 매각할 수밖에 없었다. 나중에 회사를 되찾긴 했지만 바이오 분야 자회사는 끝내 찾아오지 못했다.

현재 제도적 대안으로는 20대 국회에 상속세 공제 한도를 대폭 확대하는 〈상속세 및 증여세법〉 개정안, 〈명문 장수 기업 가업 승계 지원 법안〉 등이 제출돼 있다. 그럼에도 본질적으로 상속은 '상속인'과 '피상속인' 간의 사적 법률관계다.

2017년 캐나다왕립은행(RBC)의 자산 운용 및 자문 회사인 RBC웰스매니지먼트 사가 미국·영국·캐나다의 (순 자산 450만 달러 이상을 보유한) 부자 약 3,105명을 대상으로 상속 계획을 조사했다. 구체적인 상속

---

* N.K. 샌다스 지음, 이현주 옮김, 『길가메시 서사시』(범우사, 2000).

계획을 세웠다고 답한 부모들은 고작 26%였다. 32%는 아무런 상속 계획을 세우지 않았다. 그나마 54%가 유언장은 작성했다고 답했다. 결국 3분의 2가 재산 상속에 대해 아무런 계획을 세우지 않은 채 병이 들거나 사망해서야 갑자기 상속을 하는 것으로 조사됐다.

RBC웰스매니지먼트 사는 결론을 빌어 "자녀들이 준비가 부족한 상태에서 상속을 받게 되면 상속 재산의 처분과 관리 등의 결정에 있어 급박한 어려움에 직면할 뿐만 아니라 가족 내 다른 상속인들과의 사이에 분쟁이 발생하게 된다."라고 경고했다.

그렇다면 우리의 현실은 과연 어떨까? 2018년 KB금융지주 경영연구소가 발표한 "2018 한국 부자 보고서"에 따르면 (금융자산 10억 원 이상을 보유한) 국내 부자 808명의 응답자 중 82.4%가 상속 증여 준비의 필요성을 인정했다. 대부분 세금 문제가 걱정되고, 나이도 들어서 알아보게 됐다고 답했다.

하지만 구체적인 '상속 설계'를 마련해 두고 있는지에 대해서는 질문 자체가 없어 의미 있는 통계를 잡아낼 수 없었다. 금융기관의 관점을 넘어 좀 더 포괄적이면서 집요한 상속 설계에 대한 통계 자료가 필요한 시점이다.

재미있는 통계가 또 있다. 선호하는 상속 증여 상담 기관을 물었을 때 1순위 세무사/회계사(56%)에 이어 2순위는 자산 관리사를 의미하는 금융회사 프라이빗 뱅커(PB)(31%), 3순위 변호사(9.3%) 순이었다. 역시 세금 문제가 가장 중요한 관심사였음을 보여 주는 한편, 세무사·회계사에 대한 신뢰도와 친밀도가 가장 높다는 것을 알 수 있다.

길가메시도 결국은 죽음을 맞이했을 것이다. 이렇듯 우리 모두는 죽는다. 죽음의 불안으로부터의 평화는 인류의 영원한 숙제다. 세속의 문제를 해결하는 변호사의 관점에서 상속 설계는 그 방편 중 하나다.

한국 부자 수*의 추이 및 금융 자산 규모 (단위 : 천 명) **

2012년	2013년	2014년	2015년	2016년	2017년
163	167	182	211	242	278
	369조 원	--------- 보유액 42.9% 증가 ------->			646조 원

0.54%의 부자가 가계 총 금융자산의 17.6% 보유.

* 금융자산 10억 원 이상인 개인. ** 이하 출처는 KB금융지주 경영연구소, 『2018 한국부자보고서』.

한국 부자의 자산 인식 변화 (단위 : %)

"내 자녀들은 경제적으로 나만큼 잘살기 힘들 것"

20.1	42.2	23.9	13.7
매우 그렇다	약간 그렇다	보통/반반	그렇지 않다

"자녀 세대는 부모의 도움 없이 자수성가하기 힘들어졌다"

32.5	47.1	17.9	2.5
매우 그렇다	약간 그렇다	보통/반반	그렇지 않다

"상속 및 증여 계획"

41.7	16.5	8.7	8.7	24.4
자산 일부 증여, 일부 상속	자산 전부 사전 증여	자산 전부 사후 상속	일부/전부 사회 환원	아직 생각해 보지 않음

한국 부자의 자산 구성비 변화 추세 (단위 : %)

	2014년	2015년	2016년	2017년	2018년
부동산 자산 비중	55.7	52.4	51.4	52.2	53.3
금융자산 비중	39.2	43.1	43.6	44.2	42.3

상속재산 및 증여재산 현황 *

총 상속재산 가액		증여재산 가액	
2012년	2016년	2012년	2016년
10조2,704억 원	14조6,636억 원	10조2,074억 원	18조2,081억 원

* KB금융지주 경영연구소, 『2017 한국부자보고서』

피상속인 현황 (단위 : 명) *

50억 원 이상		100억 원 이상	
2006년	2016년	2006년	2016년
195	449	77	176

* KB금융지주 경영연구소, 『2017 한국부자보고서』

1
05

확실함과 불확실함 중에서
하나를 선택한다면?

1995년, 어느 고등학교 이사장이 자택에서 범죄로 숨졌다. 수사 결과, 놀랍게도 범인은 장남이었다. 더욱 놀라운 것은 장남은 서울 어느 대학의 경제학과 교수였다는 사실이다. 범행 동기 또한 충격적이었다.

"재산을 빨리 상속받아 사업 빚을 청산하기 위해 범행을 저질렀다."

장남은 무기징역을 선고받았고, 2016년 출소했다. 출소한 그해 어머니가 심장마비로 세상을 떠났는데 그 직전 장남에게 상당한 재산을 증여했다. 뒤늦게 알게 된 형제들이 반발했다. 증여의 적법성 논란이 일었다. 결론적으로 이는 법적 문제라기보다는 도덕적 문제라는 것이 법률가들의 견해였다.

언제 증여하고, 언제 상속해야 하는가. 상속의 효력은 사망으로 인해 발생한다. 그렇다고 부모건, 자식이건 스스로 사망의 시점을 인위적으로 결정할 수는 없다. 그것은 패륜이다. 인간의 본질에 반한다. 그렇다면 상속 계획, 상속 설계는 언제 시작해야 하는가. 갈수록 쉽지 않아 보인다.

첫째는 세계적인 고령화 추세다. 은퇴 이후 살아갈 날이 나날이 늘면서 경제적 불확실성도 증가한다. 자녀의 삶보다 당장 내 건강과 내 삶이 먼저일 수밖에 없다. 내 삶에 투자해야 할 경제적 기반 자체가 취약해지는 마당에 어떻게 상속 계획을 세울 수 있겠는가.

둘째는 노인 빈곤이다. 한국 사회의 사회적 안전망은 특별히 취약하다. 노인 빈곤율은 세계 1위를 달린다. 외국의 경우 '황혼 파산'이 늘고 있다. 미국의 경우 65세 이상 인구의 개인 파산 비중은 2.1%였으나 2016년에는 12.2%로, 6배가 됐다.* 우리도 자녀들의 학비나 생계 지원 부담 등으로 곧 그렇게 될 위험이 높다.

셋째, 자녀들이 상속에 대해 기대 심리를 가질 수 있다. 물론 앞서 제시한 불행한 사례는 지극히 예외적이고 극단적인 일임이 분명하다. 그러나 부모와 자녀 간의 비공식적인 심리적 갈등은 존재할 수 있다. 물론 "어미 소는 송아지가 원하는 것보다 더 많은 젖을 주고 싶어 한다." 그럼에도 갈등은 현재적일 수 있다는 말이다. 자녀 세대의 어려움이 이를 재촉할 수도 있다. 어떻게 해야 할까. 유대인의 지혜 중에 이

---

* Deborah Thorne, Pamela Foohey, Robert M. Lawless, Katherine M. Porter, "Graying of U.S. Bankruptcy: Fallout from Life in a Risk Society," SSRN, 2018.

런 말이 있다. "확실함과 불확실함 중에서 확실함이 더 낫다." 예측 가능해야 한다는 것이다.

자녀들과 충분한 대화를 통해 상속 설계의 틀을 잡아 나가야 한다. 무작정 비밀주의가 좋은 것만은 아니다. 예컨대, 한 집안은 자녀들과 일체의 상의 없이 비밀 유언장을 통해 상속재산을 금액 기준으로 분할 상속했다. 다른 집안은 자녀들의 경험과 의견 등을 충분히 고려하여 '부동산은 큰딸의 몫이고, 채권은 둘째 아들의 몫', 이렇게 설계했다. 그리고 그렇게 사회적 훈련을 시켜 나갔다.

상속이 이뤄진 30년 뒤 그 차이는 분명 존재할 수밖에 없을 것이다. 특히 가업 승계가 필요한 장수 기업 등의 경우 안정적인 승계 프로세스나 훈련 프로그램이 필요하다. 주식을 법정상속분대로 나눠 준다고 상속 문제가 해결되는 것이 아니다. 물론 원만한 해결책이 될 수는 있지만, 장수 기업의 특성에 맞는 해법일 수는 없다. 이것 말고도 일반적인 견지에서, 상속 설계가 당장 진행되었을 때 얻을 수 있는 장점이 있다.

첫째, 10년 합산 과세 제도를 염두에 두자. 상속세는 상속 개시일 현재의 재산에 대해 과세되는 것이 원칙이다. 하지만 세법은 상속 개시일 전 10년 이내에 증여한 금액을 상속재산 가액에 합산하도록 한다. 그래서 10년 전에 미리 증여 등을 결정한다면 유리해질 수 있다.

둘째, 가족 간의 분쟁 예방이다. 예측 가능성, 대화를 통한 상속 설계, 불확실성보다는 확실성이 가족 간의 분쟁을 예방하고, 상속의 효과를 극대화한다. 자주 반복하지만, 상속 설계는 한 번으로 끝나는 절차가 아니다. 언제라도 수정 가능한 '절차'다. 고치면 된다.

1
06

새로운 시대,
새로운 상속 트렌드는?

2015년 3월, 영국 재무장관은 '세무 신고의 종말'을 선언함과 동시에 2016년을 '디지털 세무회계'의 원년으로 삼겠다고 발표했다. 납세자들은 온라인 회계 소프트웨어를 통해 재무 관리를 하고, 때가 되면 자동으로 세무 신고서가 작성된 후 제출된다. 세무 전문가인 세무사들의 개입 여지가 완벽하게 축소됐다.

브라질에서 비즈니스를 하는 법인들 또한 세무 신고서를 제출할 필요가 없다. 온라인을 통해 회계 관련 원자료만 과세 관청에 제출하면 그것으로 끝이기 때문이다. 당국은 '디지털 장부 기록 공공 시스템'(Public System of Digital Bookkeeping, SPED)을 통해 제출된 자료를 분석하고 세액을 결정한다.*

마이클 오스본(Michael A. Osborne) 등이 『고용의 미래』(The future of employment, 2013)라는 책에서 분류한 바에 따르면 세무회계 관련 직업은 기술의 변화로 '가장 위험에 처할 10대 직종'에 포함될 수밖에 없다. 타국의 상황을 보면 영국과 오스트레일리아는 이미 법률 시장이 자유화됐다. 따라서 더 이상 변호사가 법률 사무를 독점하지 못한다. 누구든 법무 법인을 소유해 운영할 수 있고, 법률 서비스를 제공함으로써 수임료를 받을 수 있다. 최근 자료에 따르면 영국의 법률 소비자 중 대략 3분의 2가 전통적 법무 법인보다 은행이나 통신사 등 비법률 회사를 선호했다.

이제 빅 데이터, 인공지능, 로봇이 대표하는 기술혁신의 시대다. 이런 '4차 산업혁명' 시기에 세무사 등 세무회계 전문가, 변호사 등 법률 전문가의 미래는 암울하기만 하다. 그렇다고 한탄만 하고 있을 수는 없는 일. 미래학자들은 어떤 대안을 제시하고 있을까?

첫째, '사후 대응 중심'에서 '선제적 예방'으로의 대이동이다. 쉽게 말해 예방 관리며, 사전 위험 회피다.

둘째, 업무의 재구성을 촉구한다. 기존 업무를 해체한 다음, 핵심과 비핵심 업무로 구분하고 핵심 업무는 강화하되 비핵심 업무는 과감하게 '아웃소싱'하라는 것이다.

셋째, 오늘 이 글의 주제이기도 한 융합이다. 연대이자 통합이다. 규

---

* 리처드 서스킨드·대니얼 서스킨드 지음, 위대선 옮김, 『4차 산업혁명 시대, 전문직의 미래 : 빅데이터, 인공지능, 기술혁신이 가져올 새로운 전문직 지형도』(와이즈베리, 2016).

제와 칸막이는 보호라는 측면도 있지만 반대로 자유로움과 상상력을 막는 철책이다. 경계를 뛰어넘는 과격한 상상력으로 기존의 업무 범위를 뛰어넘어 소비자 중심, 비즈니스 중심으로 새로운 플랫폼을 구축하라는 것이다.

애플의 초창기 스티브 잡스(Steve Jobs)와 스티브 워즈니악(Steve Wozniak)이 있었다. "사실 애플 I 개발에 잡스는 한 것이 없다. 내(워즈니악)가 무언가 멋진 걸 만들어 내면 잡스는 그걸로 돈을 벌 궁리를 했다. 내가 만든 컴퓨터를 멋지게 자랑하고 팔아먹을 생각을 한 건 잡스였다."

스티브 잡스의 전기를 쓴 월터 아이작슨(Walter Isaacson)은 "판다처럼 생긴 워즈니악은 천사 같은 순둥이었고, 하운드견처럼 생긴 잡스는 악마 같은 투지가 넘치는 최면술사였다."라고 두 사람을 묘사했다. 그러면서 "그들의 파트너십은 독특하면서도 강력했다."라고 평했다.*

다시, 상속 설계 이야기를 해보자. 상속 설계를 상의하기 위해 세무사를 찾으면 주로 절세만 이야기한다. 재무 설계사를 찾으면 다짜고짜 금융 상품 가입부터 권유한다. 변호사를 찾으면 유언장과 상속 소송만 늘어놓으며 겁을 잔뜩 준다. 시대의 경향은 더 이상 전문 직업군의 자격증 제도와 전문성이 무의미하다는 것을 말해 준다. 그럼에도 여전히 상속 설계 등 상속 관련 비즈니스에 대한 접근 모델은 칸막이식이고, 전근대적이다.

---

* 월터 아이작슨 지음, 정영목·신지영 옮김, 『이노베이터 : 창의적인 삶으로 나아간 천재들의 비밀』(오픈하우스, 2015).

세무사들은 고객 관리에 특별한 장점을 가지며 장기적 신뢰를 유지한다. 아울러 상속 설계 소비자들에 대한 자료와 분석 능력을 겸비한다. 변호사들은 엄격한 법적 위험 관리에 능하다. 소송으로 이어졌을 때 등의 상황에 대한 예측 능력과 대응 방안을 제시할 수 있다.

우공이 아닌 이상 산을 움직일 수는 없다. 산에게 이리 오라고 소리 질러 봐야 움직일 리 만무하다. 그럴 땐 산에 다가가면 된다. 시장만 탓하느라 전문직의 함정에서 헤어나지 못하는 변호사들을 많이 봤다. 이 시대, 새로운 모델은 협업이자 연대다. 이것이 상속 설계의 플랫폼이다.

상속세 절세 TIP *

- 증여재산 공제 한도 내에서 배우자나 자녀에게 미리 증여를 해둔다.
- 상속세를 계산할 때 공제되는 채무를 빠짐없이 공제받자.
- 사망하기 1~2년 전에 재산 처분, 예금을 인출하는 경우 사용처에 대한 증빙을 철저히 갖추도록 하자.
- 재산을 취득할 때는 한 사람에게 집중시키지 말고 분산시킨다.
- 피상속인의 부채가 2억 원 이상인 경우에도 사용처에 대한 증빙을 확보해 둔다.
- 배우자 상속 공제를 최대한 활용한다.
- 세대를 건너뛰어 상속을 하면 상속세를 추가 부담해야 한다.
- 중소 법인의 대표자가 법인과 금전 거래를 하는 경우에도 자금의 사용처에 대한 증빙을 철저히 해둔다.
- 상속세는 10년 이상 장기 세금 계획을 세워 미리미리 대비한다(자녀 명의로 보장성 보험에 가입하거나, 사전 증여 등으로 세금을 납부할 수 있는 능력을 키워 놓는다).

* 국세청, 『2018 국세청 세금절약 가이드 II』

1
07

'호랑이의 가죽'만을 남기는
상속은 이제 그만

1937년, 헨리 포드(Henry Ford)가 생의 마지막 순간을 맞이한 존 록펠러(John D. Rockefeller)를 찾았다.

"잘 있게. 우리 천당에서 다시 만나세."

"회장님이 천당에 들어가실 수 없다면 틀림없이 절 다시 만날 수 있을 겁니다."

떠날 때가 돼서야 비로소 이 아흔여덟의 노인은 반평생 자신을 따라다니던 '냉혹하고 탐욕스러우며 하늘도 법도 두려워하지 않는, 강도 자본가'라는 굴레에서 벗어날 수 있었다.* 물론 록펠러가 어디에 가

---

* 쉬즈위안 지음, 김태성 옮김, 『미성숙한 국가: 국가를 바라보는 젊은 중국 지식인의 반성적 사유』(이봄, 2017).

있는지는 아무도 모른다. '바늘구멍을 통과한 낙타'가 되었을지도 모르겠다. 록펠러 사후 '미국 자본주의의 상징'이자 '세계 최대의 자선사업가'로서 그의 정신은 그대로 상속·계승됐다. 록펠러가 남긴 것은 재산이 아니었다. '찬란한 명예'였다.

이번엔 한국 나이로 올해 여든일곱, 손정의와 마윈(馬雲)을 비롯해 '전 세계 최고 경영자들의 큰 스승' 이나모리 가즈오(稻盛和夫)의 이야기다. 어느 절의 수행승이 나이 많은 스님에게 물었다. "지옥과 극락이 어떻게 다릅니까?"

"지옥과 극락은 겉보기에는 똑같다네. 둘 다 큰 솥이 있고 그 안에 맛있어 보이는 국수가 보글보글 끓고 있지. 그런데 국수를 먹으려면 바지랑대처럼 긴 젓가락을 써야 한다네. 그런데 지옥에 떨어진 사람들은 '내가 먼저 먹을 거야!'라며 전부 긴 젓가락을 들이밀고 국수를 건지려 한다네."

"결국 아무도 국수를 먹을 수 없지. 그런데 극락은 같은 조건이지만 전혀 달라. 그곳 사람들은 긴 젓가락으로 국수를 건져 솥 건너편에 있는 사람에게 '먼저 드세요.' 하고 먹여 준다네. 그러면 그 사람도 '고마워요. 이번에는 당신 차례예요.'라고 먹여 주곤 하지. 여기가 바로 극락이라네."**

그래서 이나모리 가즈오는 "세상을 위해 베푸는 것은 빚을 갚는

** 이나모리 가즈오 지음, 노경아 옮김, 『이나모리 가즈오의 인생을 바라보는 안목』(쌤앤파커스, 2017).

일"이라고 선언한다. 1984년 4월, 그는 2백억 엔을 기본으로 삼아 이나모리 재단을 설립하고, '교토상'을 만들었다. 상금은, 노벨상의 상금이 5천만 엔인 것에 경의를 표하는 의미에서 4천5백만 엔으로 책정했다.

그 후 노벨상이 상금을 증액한 데 따라 제10회 때부터는 부문당 5천만 엔으로 올렸다. 수상식이 끝나고 나면 수상자들에게 '상금을 어디에 쓸 건지' 물어보는 경우가 자주 있었다. 대개는 수상자가 연구 자금으로 쓸 것이라 생각하겠지만 놀랍게도 사회에 다시 환원하는 경우가 많았다. 제3회 수상자인 폴란드 영화감독 안제이 바이다(Andrzej Wajda)는 상금으로 폴란드에 일본 미술을 소개하는 박물관을 만들었다.

이렇듯 수상자 대다수는 기부를 하거나 다른 상을 제정하는 등 세상과 남을 위해 상금을 사용했다. 긴 젓가락을 들어 다른 사람의 입에 국수를 넣어 주고 있는 것이자, 명예와 가치가 끊임없이 전파되는 것이다.

강조하지만, 상속이라는 것이 그저 '재산' 상속의 문제라면, 상속 설계가 그저 '절세'의 문제라면 한 인간의 삶은 얼마나 공허한가? 그리고 재산 말고는 딱히 강조할 게 없는 삶이었다면 그 삶은 과연 행복했다고 말할 수 있을까? 그리고 이를 상속받는 자녀들의 삶 속에서 부모의 명예와 정신은 어떻게 계승될 수 있을까? 물론 자녀를 양육하고, 교육하고, 훈육했을 것이다. 자녀들은 부모님에 대한 고마움과 함께 부모의 뒷모습을 보고 자라났을 것이다. 이것만으로도 한없이 고마운 일이다.

하지만 다시 강조하고 싶다. 문자가 성립되기 이전의 상속은 '호랑이의 가죽'을 남기는 일이었다. 그러나 문자 이후의 상속은 당연하게도 '이름'을 남기는 일이 됐다. 그렇다면 한국 사회에서 그간의 상속 설계는 해체되어야 한다. 그리고 재구성되어야 한다.

상속 설계의 중심에는 가치와 명예, 정신이 놓여야 한다. 패밀리 정신이 앞서야 한다. 권하건대 법적으로 따지면 증여다. 사회적으로 따지면 기부다. 출연이자 사회적 공헌이다.

미국 시엔엔(CNN) 설립자 테드 터너(Ted Turner)는 얼마 전 자신의 재산 22억 달러 중 사후 장례 비용만 남겨 놓고 나머지는 모두 기부하겠다고 공언했다.

1
08

'최고의 유산'
상속받기

　대학을 마치고도 경제적으로 독립할 수 없어 부모님 집에 얹혀 사는 '캥거루' 세대가 있다. 미국은 '트윅스터'(twixter), 영국은 '키퍼스'(kippers), 독일은 '네스트호커'(nesthocker), 일본은 '기생독신'(寄生獨身)이라고 한다.

　우리라고 예외는 아니다. 한국노동패널 자료에 따르면 20~34세 청년의 56.8%가 부모와 함께 살고 있다. '2017년 한국의 사회지표(통계청)'에 따르면 가구주의 54.4%는 자식 세대의 계층 상승 가능성이 '낮다'고 보았다. 이 비중은 2년 전보다 3.9% 포인트 증가한 것이다. 이 위험한 불안을 어떻게 해소할 수 있을까. 대안은 무엇일까.

　먼저, 나라 차원의 대안은 당연히 정치와 경제의 활력일 것이다. 다음, 가족 차원의 대안은 교육과 증여와 상속 정도일까. 그래서 부동산 증여, 부동산신탁, 부동산 상속 등이 대안으로 논의되는 것일까.

시각 장애를 갖고 있으면서도 올림픽 국가 대표 역도 선수로, 투자 전문가로 성공한 짐 스토벌(Jim Stovall)이 있다. 『'최고의 유산' 상속받기』(The Ultimate Gift)라는 책을 썼다.* 다음은 이 책에 나오는 이야기다.

미국 보스턴에 여든 살의 변호사가 있었다. 어느 날 기업가인 친구가 죽었고, 유언 집행이 그의 몫이 됐다. 장남에게는 석유 회사를, 딸에게는 목장을, 차남에게는 주식과 채권을 남겼다. 하지만 소유와 경영은 철저히 분리시켰다. 친구에게는 특별히 사랑하는 조카 손자가 있었다. 이제 20대 청년이었다. 대단한 상속을 기대했지만 묘한 시험만이 주어졌다. 한 달에 한 번씩 일 년 동안 거쳐야 하는 관문이었다. 두 번째 달의 테스트는 이랬다.

"1천5백 달러를 줄 테니 다섯 명의 사람을 도와주거라. 단, 네가 준 돈이 그 사람의 일생을 바꿀 수 있어야 한다."

조카 손자는 이 과정을 통해 "일, 돈, 친구, 배움, 고난, 가족, 웃음, 꿈, 나눔, 감사, 하루, 사랑"을 배워 나갔다. 그리고 마지막으로 깨달았다.

"최선을 다해 사는 것이야말로 인생 최고의 유산이다."

그때서야 비로소 조카 손자를 위한 유언장이 낭독되었다.

---

* 짐 스토벌 지음, 정지운 옮김, 『'최고의 유산' 상속받기』(예지, 2001).

"내 조카 손자에게 10억 달러가 약간 넘는 자선기금 재단의 관리권을 남긴다."

교육과 상속을 이야기하면 유대인이 떠오르기 마련이다. 대체로 유대인들은 부동산보다는 동산을, 제조업보다는 금융업을, 일반직보다는 교수·의사·법조인 등 전문직을, 유형자산보다는 무형의 지식 재산을 선호한다. 그렇다면 유대인들의 상속관은 어떠할까. 랍비 조셉 텔루슈킨(Rabbi Joseph Telushkin)이 쓴 『유대인의 상속 이야기』*가 있다.

솔로몬의 아들이자 왕위 계승자인 르호보암에게는 세 가지 결점이 있었다. 탐욕스럽고 오만하며 어리석었다. 솔로몬 왕이 죽자 이스라엘 백성들이 찾아와 솔로몬 왕이 부과한 무거운 세금과 강제 노동에서 벗어나게 해달라고 간청했다. 르호보암은 지혜로운 이들의 조언을 무시했다.

"나는 더 무겁게 할 것이다. 내 아버지께서 너희를 채찍으로 치셨다면 나는 전갈로 칠 것이다"(열왕기상 12:14).

백성들이 대들었다.

"이스라엘아, 네 장막으로 돌아가라. 다윗이여, 당신 집안이나 돌아보라"(12:16).

그들은 마을로 돌아가 곧바로 여로보암을 자신들의 새로운 왕으로 선택한다. 그 이후 이스라엘은 유다와 이스라엘(열 지파)로 분리된다.

---

* 랍비 조셉 텔루슈킨 지음, 김무겸 옮김, 『유대인의 상속 이야기』(북스넛, 2014).

이스라엘의 열 지파는 유다의 작은 나라인 아시리아에 패해 멸망하기까지 존속했다. 아시리아는 바빌론에 패해 멸망하기까지 존속했다. 랍비 조셉 텔루슈킨은 이렇게 주석을 달았다.

"지혜로운 솔로몬 왕이 자신의 지혜를, 지혜롭지 못한 자신의 아들에게 물려주었다면 이 비극의 상당 부분을 미연에 방지할 수 있었을 것이다."

그리고 결론지었다.

"보화보다 지혜를 물려주어라."

현실에 대한 불안을 넘어 미래 세대에 대한 불안이 모두를 움츠러들게 한다. 나의 사후, 자녀의 미래에 대한 안전장치를 만들고 싶어 하는 것은 지극히 당연하다. 본능이다. 이것이 상속 설계다. 다만, 재산 상속이 전부는 아니다.

바로 지혜다.

화제의 유언장

유한양행의 창업자, 유일한 회장

1. 유일선의 딸, 즉 손녀인 유일림이 대학을 졸업할 때까지 학자금 1만 달러(약 1천만 원)를 준다.
   (자녀가 학업에 매진할 때는 도와주되 이후로는 스스로 서게 한다. 아들 유일선은 딸을 위한 1만 달러 가운데 반을 사회에 다시 내놓았다.)

2. 딸 유재라에게 유한공고 안에 있는 묘소와 주변 땅 5천 평을 물려준다. 그 땅을 유한 동산으로 꾸미고 주위로 결코 울타리를 치지 마라. 학생들이 동산을 마음대로 드나들게 하라. 아이들의 티 없이 맑은 정신에 깃든 젊은 의지를 느끼게 해달라.
   (땅을 소유한다기보다 관리하라는 명목으로 상속했다. 학생들이 누릴 수 있는 환경에 부족함이 없도록 책임과 의무를 부여한다.)

3. 소유하고 있는 주식 14만941주 전부 '한국 사회 및 교육 원조 신탁 기금'에 기증한다.
   (전 재산을 나라와 아이들의 미래를 위한 교육에 바친다.)

4. 딸 유재라는 아내 호미리의 노후를 잘 돌봐 주기 바란다.
   (그는 홀로 남은 아내를 걱정하고 배려한다.)

5. 아들 유일선은 학업을 마쳤으니 앞으로는 자립해서 살기를 바란다.
   (후대에도 자립의 힘이 전해져 강하게 성장할 것이다.)

법정 스님

남기는 말

1. 모든 분들에게 깊이 감사드립니다. 어리석은 탓으로 제가 저지른 허물은 앞으로도 계속 참회 하겠습니다.

2. 내 것이라고 하는 것이 남아 있다면 모두 '사단법인 맑고 향기롭게'에 주어 맑고 향기로운 사 회를 구현하는 활동에 사용토록 하여 주시기 바랍니다. 그러나 그동안 풀어놓은 말빚을 다음 생으로 가져가지 않으려 하니, 부디 내 이름으로 출판한 모든 출판물을 더 이상 출간하지 말 아 주십시오.

3. 감사합니다. 모두 성불하십시오.

2010년 2월 24일
법정 속명 박재철

상좌들 보아라

1. 인연이 있어 신뢰와 믿음으로 만나게 된 것을 감사한다. 괴팍한 나의 성품으로 남긴 상처들은 마지막 여행길에 모두 거두어 가려 하니 무심한 강물에 흘려보내 주면 고맙겠다. 모두들 스스 로 깨닫도록 열과 성을 다해서 거들지 못하고 떠나게 되어 미안한 마음 그지없다. 내가 떠나 더라도 마음속에 있는 스승을 따라 청정 수행에 매진하여 자신 안에 있는 불성을 드러내기 바 란다.

2. 덕조는 맏상좌로서 다른 생각하지 말고 결제 중에는 제방선원에서, 해제 중에는 불일암에서 10년간 오로지 수행에만 매진한 후 사제들로부터 맏사형으로 존중을 받으면서 사제들을 잘 이끌어 주기 바란다.

3. 덕인, 덕문, 덕현, 덕운, 덕진과 덕일은 덕조가 맏사형으로서 존중을 받을 수 있도록 수행을
   마칠 때까지는 물론, 그 후에도 신의와 예의로 서로 존중하고 합심하여 맑고 향기로운 도량을
   이루고 수행하기 바란다.

4. 덕진은 머리맡에 남아 있는 책을 나에게 신문을 배달한 사람에게 전하여 주면 고맙겠다.

5. 내가 떠나는 경우 내 이름으로 번거롭고 부질없는 검은 의식을 행하지 말고, 사리를 찾으려
   고 하지도 말며, 관과 수의를 마련하지 말고, 편리하고 이웃에 방해되지 않는 곳에서 지체 없
   이 평소의 승복을 입은 상태로 다비하여 주기 바란다.

2010년 2월 24일

법정 박재철

'중국 대륙의 큰 언니' 덩잉차오(鄧穎超)

— 1978년 7월 1일 작성 1차 유언

중공 중앙 여러분께

나는 1924년 톈진에서 창립한 공청단의 1기 단원입니다. 1925년 3월 톈진 시 당 위원회의 결정
에 따라 당적을 옮겨 중국공산당의 정식 당원이 되었습니다.

사람은 언젠가 죽습니다. 내 사후 처리에 대해 다음 요구를 승인해 주기를 당 중앙에 간절히 요
청합니다.

1. 시신은 해부한 후 화장해 주십시오.

2. 유골은 보관하지 말고 뿌려 주십시오. 1956년 화장 실행이 결정된 후 나와 저우언라이(周恩來) 동지가 약속한 일입니다.

3. 영결 행사를 하지 말아 주십시오.

4. 추모식을 하지 말아 주십시오.

5. 나의 사망 소식을 알리며 이 요구를 발표해 주십시오. 공산당원은 인민을 위해 한량없이 봉사해야 하며, 하는 일과 직무도 모두 당과 인민을 위해 정하는 것이라고 생각하기 때문입니다.

── **1982년 6월 17일 작성 2차 유언**(새롭게 추가한 두 가지 내용)

1. 내가 살던 집은 원래 저우언라이와 함께 살던 곳이지만 전 인민의 소유이므로 마땅히 공공 기관에 넘겨 사용하도록 해야 합니다. 절대 고택이나 기념관 등 사업을 하지 마십시오. 그건 나와 저우언라이 동지가 살아 있을 때부터 반대한 일입니다.

2. 당 관련 조직의 책임자와 동지들에게 부탁합니다. 저우언라이 동지의 친·인척, 조카들은 저우언라이 동지와의 관계나 저우언라이 동지에 대한 감정 때문이 아니라 조직의 원칙과 기율에 따라 배려해 주십시오. 저우언라이 동지가 살아 있을 때 항상 지켰던 일입니다. 나도 단호하게 지지했습니다. 당의 기풍을 바로잡기 위해 매우 필요한 일입니다. 나는 친척이 없고 먼 조카가 딱 하나 있는데, 본분을 잘 지키는 아이라 나와의 관계를 빌미로 어떤 특혜나 배려도 요구한 적이 없습니다. 이 두 가지 사항을 발표해 주십시오.

『몽실언니』의 저자, 아동문학가 권정생

내가 죽은 뒤에 다음 세 사람에게 부탁하노라.

1. 최완택 목사 민들레 교회
이 사람은 술을 마시고 돼지 죽통에 오줌을 눈 적은 있지만 심성이 착한 사람이다.

2. 정호경 신부 봉화군 명호면 비나리
이 사람은 잔소리가 심하지만 신부이고 정직하기 때문에 믿을 만하다.

3. 박연철 변호사
이 사람은 민주 변호사로 알려졌지만 어려운 사람과 함께 살려고 애쓰는 보통 사람이다. 우리 집
에도 두세 번 다녀갔다. 나는 대접 한 번 못했다.

위 세 사람은 내가 쓴 모든 저작물을 함께 잘 관리해 주기를 바란다. 내가 쓴 모든 책들은 주로
어린이들이 사서 읽은 것이니 여기서 나오는 인세를 어린이들에게 되돌려 주는 것이 마땅할 것이
다.
만약에 관리하기 귀찮으면 한겨레신문사에서 하고 있는 '남북 어린이 어깨동무'에 맡기면 된다.
맡겨 놓고 뒤에서 보살피면 될 것이다.
유언장이란 것은 아주 훌륭한 사람만 쓰는 줄 알았는데 나 같은 사람도 이렇게 유언을 한다는 것
이 쑥스럽다.
앞으로 언제 죽을지는 모르지만 좀 낭만적으로 죽었으면 좋겠다. 하지만 나도 전에 우리 집 개가
죽었을 때처럼 헐떡벌떡 거리다가 숨이 꼴깍 넘어가겠지. 눈은 감은 듯 뜬 듯 하고 입은 멍청하
게 반쯤 벌리고 바보같이 죽을 것이다. 요즘 와서 화를 잘 내는 걸 보니 천사처럼 죽는 것은 글렀
다고 본다.
그러니 숨이 지는 대로 화장을 해서 여기저기 뿌려 주기 바란다.
유언장 치고는 형식도 제대로 못 갖추고 횡설수설 했지만 이건 나 권정생이 쓴 것이 분명하다.

죽으면 아픈 것도 슬픈 것도 외로운 것도 끝이다. 웃는 것도 화내는 것도. 그러니 용감하게 죽 겠다.

만약에 죽은 뒤 다시 환생을 할 수 있다면 건강한 남자로 태어나고 싶다.

태어나서 25살 때 22살이나 23살쯤 되는 아가씨와 연애를 하고 싶다.

벌벌 떨지 않고 잘할 것이다.

하지만 다시 환생했을 때도 세상엔 얼간이 같은 폭군 지도자가 있을 테고 여전히 전쟁을 할지 모 른다. 그렇다면 환생은 생각해 봐서 그만둘 수도 있다.

2005년 5월 10일

쓴 사람 권정생

주민번호 370818-*******

주소 경북 안동시 일직면 조탑리 7

칭기스칸에 이어 중국을 제패한 쿠빌라이 칸(Khubilai khan)

우리 할아버지 칭기스칸께서는 벽돌집에서 농경민족과 어울려 정착해 살면 그때가 곧 할아버지께서 세우신 몽골제국이 망하는 날이라고 하셨다.

거란족과 여진족은 비록 유목민이었지만 불행히도 할아버지 칭기스칸의 훈계를 듣지 못해서 마지막에는 한족 돼지처럼 게으른 사대부 집단으로 변했다.

금나라의 마지막이 얼마나 처참했는지 너희도 잘 알 것이다.

세상은 넓고, 사람은 많고, 기술은 끝없이 바뀐다.

아무리 어려운 난관에 부딪혀도 반드시 방법이 있음을 믿고, 아무리 하찮은 적이라도 우리와 다른 기술을 가지고 있을지 모른다는 점을 한시도 잊지 말라.

내가 최고라고 자만하지 말라.

옆을 보고, 앞을 보고, 뒤를 보아라.

산을 넘고, 강을 건너고, 바다를 건너라.

세상을 살되 한 뼘이라도 더 넓게 살고,

사람을 사귀되 한 명이라도 더 사귀며,

기술을 배워도 한 가지라도 더 배워라.

상대가 강하면 너희를 바꾸고,

너희가 강하면 상대를 바꾸어라.

애플의 창업자, 스티브 잡스

나는 비즈니스 세상에서 성공의 끝을 보았다. 타인의 눈에 내 인생은 성공의 상징이다.

하지만 일터를 떠나면 내 삶에 즐거움은 많지 않다. 결국 부는 내 삶의 일부가 되어 버린 하나의 익숙한 '사실'일 뿐이었다.

지금 병들어 누워 과거 삶을 회상하는 이 순간, 나는 깨닫는다. 정말 자부심을 가졌던 사회적 인정과 부는 결국 닥쳐올 죽음 앞에 희미해지고 의미 없어져 간다는 것을.

어둠 속에서 나는 생명 연장 장치의 녹색 빛과 윙윙거리는 기계음을 보고 들으며 죽음의 신의 숨결이 다가오는 것을 느낄 수 있다.

이제야 나는 깨달았다. 생을 유지할 적당한 부를 쌓았다면 그 이후 우리는 부와 무관한 것을 추구해야 한다는 것을…….

부보다 더 중요한 것이 있다면 그것은 아마도 인간관계, 아니면 예술, 또는 젊었을 때의 꿈 …… 끝없이 부를 추구하는 것은 결국 나 같은 비틀린 개인만을 남길 것이다.

신은 우리에게 부가 가져오는 환상이 아닌 만인이 가진 사랑을 느낄 수 있도록 감각(senses)을 선사하였다.

내 인생을 통해 얻은 부를 나는 가져갈 수 없다. 내가 가져갈 수 있는 것은 사랑이 넘쳐 나는 기억들뿐이다. 그 기억들이야말로 너를 따라다니고, 너와 함께하고, 지속할 힘과 빛을 주는 진정한 부이다.

사랑은 수천 마일을 넘어설 수 있다. 생에 한계는 없다. 가고 싶은 곳을 가라. 성취하고 싶은 높이를 성취해라. 이 모든 것이 너의 심장과 손에 달려 있다.

이 세상에서 제일 비싼 침대가 무슨 침대일까? "병들어 누워 있는 침대이다." ……

당신은 당신을 위해 차를 운전해 줄 사람을 고용할 수 있고, 돈을 벌어 줄 사람을 구할 수도 있다. 하지만 당신을 위해 아파해 줄 사람을 구할 수는 없다.

물질적인 것은 잃어버려도 다시 찾을 수 있다. 하지만 잃어버리면 절대 되찾을 수 없는 한 가지가 있다. 바로 '인생'이다.

수술대에 들어갈 때, 자신이 아직 다 읽지 못한 책 한 권이 있다는 것을 깨닫게 될 것이다. 그것은 바로 '건강한 삶'이라는 책이다.

지금 우리가 삶의 어느 무대에 있든 간에, 결국 우리는 커튼이 내려오는 날을 맞게 될 것이다.

가족 간의 사랑을 소중히 하라. 배우자를 사랑하라. 친구들을 사랑하라.

당신 자신에게 잘 대해 줘라. 다른 사람들을 소중히 여겨라.

1
09

상속 제도는
보수적인 제도일까?

　상속 제도는 보수적인 것일까, 진보적인 것일까? 굳이 이념에 결부시키자면 상속 제도는 보수주의와 더 친할 수 있다.

　그렇다면 상속에 따라붙는 '상속세'는? 근대적 의미의 상속세는 영국에서 처음 도입됐는데, 계기는 프랑스대혁명이었다. 1789년 프랑스대혁명의 여파는 바다 건너 영국으로 밀려들었고, 프랑스 방식의 혁명을 주장하는 이들이 늘어만 갔다. 에드먼드 버크(Edmund Burke)는 피의 혁명이 두려웠다. 그래서 쓴 장문의 논리가 『프랑스혁명에 관한 성찰』*이다. 이로 인해 버크는 오늘날 보수주의 정치 이론의 선구자가 됐다.

* 에드먼드 버크 지음, 이태숙 옮김, 『프랑스혁명에 관한 성찰』(한길사, 2017).

흔히들 오해하는데 보수와 수구는 완전히 다르다. 그저 기왕의 제도를 무조건 지키고 답습하자는 건 결코 보수주의가 아니다. 지킬 만한 가치와 전통을 계승하고, 개인의 자유를 철저히 존중하자는 것이 보수주의다. 그러기 위해서는 지킬 만한 제도와 가치를 만들어 내는 작업이 필요하다. 그 작업은 수구가 아니라 개혁이다.

버크는 "변화시킬 수단을 갖지 않은 국가는 보존을 위한 수단도 없는 법이다."라고 했는데, 이것이야말로 혁명을 기다릴 것이 아닌 선제적이면서 점진적인 변화와 개혁의 필요성을 강조하는 보수의 가치를 제대로 드러낸 문장이다.

영국의 상속세는 바로 이런 역사적·이념적 맥락 속에서 출현했다. 영국의 지도층들은 프랑스대혁명의 이념이 영국으로 전파되는 것을 막기 위해 동분서주했다. 또한 프랑스대혁명을 철저히 분석했다. 하지만 '앙시앵 레짐(구체제)'이 문제였다. 이는 정치·경제·사회적 권력의 독점과 극단적 양극화였고, 그들만의 리그였다. "이를 이해한 영국이 부의 세습을 완화하는 수단으로 상속세를 도입한 것은 납득할 만한 정치적 결정이었다."**

낡은 자전거를 버리고 새로 사자는 것이 진보라면 고장 난 부위를 잘 살펴서 부품을 교체한 뒤, 수리해서 다시 타자는 것이 보수라고 표현한 정치가도 있다. 덧붙이면, 고장 나기 전에 예방적 점검을 하고,

---

** 민세진, "아우구스투스 황제의 상속세," 『중앙선데이』(2016/08/07).

이동 수단으로서의 가치가 계속 유효한지를 잘 살펴 나가는 것, 이것이 보수다. 상속세 또한 한편으로는 진보적 가치를 함유하지만, 그 근본적 태생은 보수주의적 제도 개혁에서 시작됐음을 이해하게 된다.

KB금융지주 경영연구소의 "2017 한국 부자 보고서"에 따르면 한국 부자 가운데 보유 자산을 "자녀에게 상속 및 증여하겠다."라고 응답한 비율은 무려 95.7%이다. 당연히 '상속 설계'가 필요했다. 그렇다면 애로 사항은? "상속세·증여세 납부 부담"(64.6%), "상속 및 증여에 대한 지식 부족"(41.2%) 순이었다. 우리네 부자들은 상속의 절대성은 인정하되, 세금이 부담스럽고, 상속 설계에 대한 방법론 부족이 문제라고 인식했다.

지난 홍종학 중소벤처기업부 장관의 청문회 과정에서 손녀(홍 장관의 딸)에 대한 장모의 증여와 과세 문제로 시끄러웠다. 당시 청와대는 '쪼개기 증여' 논란에 대해 "국세청 홈페이지에도 소개된 합법적 절세 방법"이라며 "상식적 방식인데 왜 도덕적으로 나쁜 사람으로 몰고 가는지 이해되지 않는다."라고 했다. 이를 두고, 안철수 당시 국민의당 대표는 "(홍 후보자의 쪼개기 증여는) 혁신적 세금 회피이고, 창조적 증여"라고 비꼬며 사퇴를 촉구했다.

현재 세무업계에서 거론되는 상속·증여 관련 절세 플랜은 몇 가지로 정리된다.

대체적으로 사전 증여를 추천한다. 먼저, 사전 증여의 기준 시점이 10년이기 때문에 가능한 한 빨리 증여하라는 것. 아울러 분할 증여도 강조된다. 홍 장관의 사례처럼 할아버지·할머니에게서 손자·손녀로, 세대를 건너뛴 상속 및 증여를 추천하기도 한다.

늘 강조하지만 상속은 그저 재산 상속만을 의미하지 않는다. 한 개인의 명예와 가치를 비롯해 전통, 재산 등을 후손에게 계승하고, 이를 발판 삼아 발전시켜 나가도록 하는 것이 상속의 본래적 취지이자 보수적 가치다.

상속을 재산에 한정하는 순간 초점은 절세로 집중되고, 그저 절세를 위한 사전·격세·분할 증여들이 강조된다. 재산 상속만큼이나 다양한 가치와 명예, 전통의 상속에 대한 관심이 요구된다.

한국의 상속세

1. 상속세와 증여세 비교

구분	상속세	증여세
과세 유형	유산 과세형	취득 가세형
과세 방법	피상속인의 유산 총액에 대해 과세	수증인이 취득한 재산 가액에 대해 과세
납세의무자	대표 상속인(상속 한도 내 연대책임)	각 수증인

2. 국가별 상속세 최고 세율

① 한국은 상속세 최고 세율 50%로, OECD 국가 중 상속세 최고 세율 2위(1위는 일본)

② OECD 국가의 상속, 증여세 최고 세율 [*]

순위	국가명	세율(%)	순위	국가명	세율(%)	순위	국가명	세율(%)
1	일본	55	13	핀란드	19	20	캐나다	0
2	대한민국	50	14	덴마크	15		에스토니아	
3	프랑스	45	15	아이슬란드	10		이스라엘	
4	영국	40		터키			멕시코	
5	미국	40	17	폴란드	7		뉴질랜드	
6	스페인	34		스위스			노르웨이	
7	아일랜드	33	19	이탈리아	4		포르투갈	
8	벨기에	30	20	룩셈부르크	0		슬로바키아	
9	독일	30		세르비아			스웨덴	
10	칠레	25		슬로베니아			헝가리	
11	그리스	20		호주				
	네덜란드			오스트리아				
OECD 평균 15%								

[*] 박지웅·김재진·구재이 지음, 『세금, 알아야 바꾼다』(메디치미디어, 2018).

3. 상속세 및 증여세율

과세표준	세율(%)	누진공세
1억 원 이하	10	없음
1억 초과 ~ 5억 이하	20	1천만 원
5억 초과 ~ 10억 이하	30	6천만 원
10억 초과 ~ 30억 이하	40	1억6천만 원
30억 원 초과	50	4억6천만 원

4. 재산 규모별 상속세 현황 [**]

구분	피상속인 수(명)	상속재산 가액 ① (백만 원)	자진 납부할 세액 ② (백만 원)	실효세율 ② / ① (%)
1억 이하	6	282	15	3.9
3억 이하	52	9,047	469	3.1
5억 이하	62	20,756	1,154	4.0
10억 이하	1,403	960,437	28,307	3.6
20억 이하	2,743	3,604,309	180,120	5.7
30억 이하	908	1,985,121	203,003	11.0
50억 이하	594	1,992,091	271,420	15.7
100억 이하	273	1,640,332	323,006	22.0
500억 이하	160	2,497,950	729,543	31.6
500억 초과	16	1,840,354	568,133	42.6
소계	6,217	14,550,679	2,305,170	14.3

[**] 국세청, 『2017 국세통계연보』

5. 똑똑하게 절세하고 떳떳하게 상속받는 방법

① 꾸준히 늘어나는 증여세 신고 *

2012년	2016년
8만993건	116,111건

② 상속, 증여 플랜에 따라 세금 어떻게 달라지나 **

	아들에게 전 재산 상속	아들에게 10억 원 증여한 뒤 상속	아들, 며느리, 손자에게 증여한 뒤 아들에게 상속
상속재산	30억 원	20억 원	18억2천만 원
과세표준	18억 원	8억 원	6억2천만 원
최종 세율	40%	30%	30%
상속세	5억6천만 원	1억8천만 원	1억2,600만 원
증여세	없음	2억2,500만 원	1억9,300만 원
최종 세금	5억6천만 원	4억500만 원	3억1,900만 원

* 국세청, 『2017 국세통계연보』.
** 『중앙선데이』(2016/09/18).

1
10

두 번째로 좋은 침대를
아내에게 남긴다

"두 번째로 좋은 침대를 아내 앤 해서웨이에게 준다."

1616년 임종을 앞둔 대문호 윌리엄 셰익스피어(William Shakespeare)가 서명한 세 쪽짜리 유언장에 쓰인 구절이다. 셰익스피어는 아내에게 '두 번째로 좋은 침대' 외에 어떤 재산도 남기지 않았다고 한다.

유언장을 쓰는 일은 두려운 일일까? 왠지 다가올 운명을 재촉하는 불편한 문서일까? 그렇다고 자식이 먼저 부모님께 유언장이라도 남겨 달라 이야기하면 '내가 빨리 죽기를 바라는 거 아니야?', '이 자식이 상속 재산에만 눈먼 것 아니야?' 오해하는 경우도 있을 수 있다.

이에 대한 답으로 일본 작가 소노 아야코(浦知壽子)의 조언이 적절할 것 같다.

"유언장을 쓴다고 금방 죽는 것도 아니다. 오래 살며 몇 통씩 다시 고쳐 써도 되는 것이고, 언제든 편안하게 쓸 수 있을 정도의 여유가 필요하다고 생각한다."

그렇다면 유언장은 대체 어떤 의미를 갖는 걸까? 판례를 보면 상속 재산을 놓고 벌어지는 자식들 사이의 분쟁은 유산의 많고 적음과는 상관없다. 많으면 많은 대로, 적으면 적은 대로, 싸울 때는 반드시 싸운다.

그렇다면 유언장은 자식들 사이의 재산 분쟁을 미연에 방지하는 의미만 있는가? 사실 유언은 상속 재산의 승계만을 대상으로 하지 않는다. 다만 유언의 내용 중 가장 중요한 것이 상속 재산의 승계에 관한 것이기 때문에 대개 '유언'이라 하면 '상속 재산'과 연계시켜 생각하게 된다.

유언장의 의미와 관련해 설혜심 교수가 인간학적으로 풀어냈다. 설교수는 "유언장을 쓰는 순간은 죽음과 마주한 자신이 평생 축적한 재산을 통제하고, 자신의 존재감을 드러내는 마지막 기회일 것이다. 그래서 유언장은 물질세계를 통해 자신이 맺어 온 인간관계를 드러내면서 가장 솔직하게 정리하는 대차대조표이기도 하다."*

그렇다면 유언은 법률적으로 어떻게 해석해야 할까? 유언이란 "유언자가 자신의 사망과 동시에 일정한 법률효과를 발생시킬 목적으로

* 설혜심, 『소비의 역사: 지금껏 아무도 주목하지 않은 소비하는 인간의 역사』(휴머니스트, 2017).

일정한 방식에 따라 행하는 상대방 없는 단독행위"다. 법이라는 것이 늘 이렇게 골치 아프다.

조금 더 쉽게 설명하면 첫째, 유언은 일정한 형식이 요구된다. 그 형식에 어긋나면 유언의 효력이 없다.

둘째, 유언은 상대방 없는 단독행위다. 계약과는 다르다. 상속을 받을 사람에게 미리 알릴 필요도 없고, 그 사람이 동의할 필요도 없다.

셋째, 유언은 철저히 본인의 의사에 따른 것이어야 한다. 대리인이 필요 없다는 뜻이다.

넷째, 유언은 유언자의 사망으로 말미암아 비로소 그 효력이 발생하는 행위다. 유언자가 죽기 전까지 아무런 효력이 없는 문서라 할 수 있다.

다섯째, 유언자는 언제든지 유언을 철회할 수 있다. 수백 번, 수천 번 바꿔 써도 된다는 의미다. 그래서 한때의 유언에 집착할 필요도 없다는 것이다.

그럼에도 유언은 자유로운 법률행위다. 이는 내 일은 내가 결정한다는 '사적 자치의 원칙'에서 출발한다. 합리적 개인의 소유권은 철저히 존중되고, '소유권 존중의 원칙'에 따라 누구나 재산 처분의 자유를 갖는다. 그리고 이런 처분의 자유는 그의 죽음 이후에도 미치게 된다. 따라서 유언의 자유는 '사적 자치의 원칙' 중 하나다.

일례로 유언 당시에 자신의 의사를 말로 제대로 표현할 수 없는 유언자가 있었다. 가족들이 변호사를 데려와 변호사의 질문에 답하게 하는 방식으로 유언 취지를 확인했다. 유언자가 변호사의 질문에 대해 고개를 끄덕이거나, "음" "어"라고 대답했다. 가족법이 정한 유언의 취지에 합당할까? 법원은 아니라고 했다.

이 밖에도 유사한 사건이 종종 발생한다. 유언 공정증서를 작성할 때 유언자가 반혼수 상태였는데 변호사가 유언 공정증서의 취지를 낭독했다. 그래도 유언자는 응답하지 않았다. 다만, 고개를 끄덕일 뿐이었다. 이 또한 법원은 효력이 없다고 했다. 유언과 유언장의 엄격성을 요구하는 우리 법의 취지에 따른 일관된 판례들이다.

유언은 유언자가 세상을 떠난 다음에 비로소 효력을 발한다. 그래서 내용은 자유롭되, 형식은 엄격하다.

1
11

강아지에게는 60만 달러를,
남편에게는 1달러를

"딸아, '문란한' 네 남편과 헤어지는 것을 조건으로 내 전 재산을 네게 상
속한다."

　— 1937년 프랭크 스미스

"강아지 빙고에게는 60만 달러를, 남편에게는 1달러를 남긴다."

　— 1959년 에이미 백맨

"부인에게 1파딩(당시 4분의 1페니)만 주겠다. 언젠가 내가 유리를 깨뜨렸을
때 '썩어빠진 늙은 돼지'라고 욕했기 때문에……."

　— 1888년 앨버트 오튼

영국 런던에 있는 족보 회사 '프레이저앤드프레이저'가 1960년대 말부터 가계를 추적하는 작업을 시작했고, 20만 개의 유언을 정리했다. 그중에서도 재미있다고 생각해 공개한 일부다.

"나는 하와이제도에 카메하메하 학원이라 칭하는 전원 기숙사제의 학교를 설립하고 유지하는 것을 목적으로 부동산을 신탁한다. 수입으로 교사의 급여, 건물 보수비 등을 지출하고, 일부로 고아나 빈곤 학생의 육영 자금으로 지출한다. 육영 학생의 선정에 대해서는 순혈 또는 혼혈 하와이인을 우선으로 한다."

이제는 미국 땅인 하와이의 카메하메하 왕조의 마지막 왕녀 버니스 파우아히 비숍(Bernice Pauahi Bishop)이 40만 에이커가 넘는 토지를 상속하면서, 하와이 원주민을 위한 학교의 설립·유지를 위해 신탁재산을 기부한다는 유언을 남겼다. 왕조의 마지막 자존심과 품격이 느껴지는 유언이다.

유언은 사람의 마지막 의사(생각)에 법적 효력을 인정하는 제도다. 물론 유언이 상속재산의 처분에 한정되는 것은 아니다. 하지만 유언의 내용 가운데 가장 중요한 것은 상속재산에 관련된 것이다. 그래서 일반적으로 유언의 자유는 곧 유증(遺贈)의 자유다. 죽음을 원인으로 한 재산 처분의 자유다. 그렇다고 유언의 자유가 무제한인 것은 아니다. 법으로 정하는 사항에 대해서만 가능하다.

민법이 유언 사항을 규정한다. 우리 법(法)상 강아지에게 상속이 가능할까? 불가능하다. 말썽꾸러기 자녀에게 한 푼도 주지 않겠다는 유언이 가능할까? 이 또한 불가능하다. 법이 정해 둔 사항을 벗어나는 유언은 한마디로 무효다. 이처럼 유언은 대단히 엄격한 방식을 요구한다. 유언이 사망자의 진정하고도 합법적인 의사(생각)에 기초한 것인지의 여부를 확인할 길이 없기 때문이다. 유언은 유언자가 사망한 때에 효력이 발생하는데, 돌아가신 분을 상대로 '이 유언이 맞습니까?'라고 물을 수 없기에 그렇다.

민법은 유언 방식으로 다섯 가지를 정해 뒀다.

첫째, '자필증서'다. 유언자가 유언의 내용을 적고, 날짜·주소·성명 등을 적은 다음 도장을 찍으면 된다. 지문도 상관없다.

둘째, '녹음'이다. 유언자가 유언의 취지 및 성명과 날짜를 구술하고 증인이 참여해서 유언의 정확함과 증인의 이름을 말해야 한다. 녹음 방법은 상관없다.

셋째, '공정증서'다. 우리가 흔히 이야기하는 '공증'이다. 유언자가 증인 2명이 참여한 상태에서 공증 변호사 면전에서 유언의 취지를 말한 뒤 공증인이 이를 확인한 다음, 문서로 작성한다. 단, 반드시 한국어로 작성돼야 한다.

넷째, '비밀증서'다. 유언자가 유언의 취지와 이를 적거나 받아 적은 사람의 이름을 적은 증서를 밀봉하고 날인한다. 그런 다음 2명 이상 증인의 면전에 제출해 자신의 유언장임을 표시한 다음 봉투 표면에 날짜와 이름 등을 기록하는, 조금은 복잡한 방식이다. 그런데 비밀증서에 의한 유언이 제대로 방식을 갖추지 못했을 경우 앞선 첫 번째 방식인 '자필증서' 방식에 부합한다면 자필증서에 의한 유언으로 인정해 준다.

마지막 다섯 번째는 대단히 특별한 방식인데, '구수 증서' 유언(口授證書遺言, dounts deed testament)이다. 유언자가 질병이나 조난 같은 급박한 사유로 인해 앞의 네 가지 방식에 의한 유언을 남길 수 없을 경우 예외적 · 보충적으로 인정되는 유언이다.

강조하지만 유언은 자유이되 법으로 정한 사항과 엄격성의 범위 내에서의 자유다. 그래서 상속이나 유언은 결코 간단치 않다.

유언장의 작성과 효력

1. 유언의 방식

1) 자필증서에 의한 유언(민법 제1066조)
   - 유언자가 그 전문과 연월일, 주소, 성명을 자서(自書)하고 날인하는 유언 방식(민법 제1066조 제1항).
   - 자필증서에 의한 유언은 유언자가 독자적으로 작성할 수 있어 간편하기는 하지만, 제3자에 의하여 그 작성 과정이나 내용이 확인되지 않는 문제가 있어 유언의 진실성에 대한 분쟁이 발생할 가능성도 큼.

2) 녹음에 의한 유언(민법 제1067조)
   - 유언자가 유언의 취지, 그 성명과 연월일을 구술하고, 이에 참여한 증인이 유언의 정확함과 그 성명을 구술하는 유언 방식(민법 제1067조).
   - 증인 1인만으로도 충분하고 핸드폰, 카메라 등에 의하여 동영상으로 녹화된 유언의 효력의 경우에도 음성이 녹음되어 있다는 점에서 민법 제1067조에 의한 녹음에 의한 유언으로서의 요건을 갖추면 유효.

3) 공정증서에 의한 유언(민법 제1068조)
   - 유언자가 증인 2인이 참여한 공증인의 면전에서 유언의 취지를 구수하고, 공증인이 이를 필기·낭독하여 유언자와 증인이 그 정확함을 승인한 후 각자 서명 또는 기명날인하는 유언 방식(민법 제1068조).

- 공정증서라는 제3자의 확인을 받아 작성하므로 객관성 및 공정성이 보장된다는 장점이 있으나, 유언자가 스스로 거동이 어렵거나, 자유로운 의사 표현이 어려운 경우 유언의 유효성에 대해 논란이 있을 수 있음.

4) 비밀증서에 의한 유언(민법 제1069조)
- ① 유언자가 자신의 성명을 기입한 증서를 ② 엄봉 날인하고, ③ 이를 2인 이상의 증인의 면전에 제출하여 ④ 자기의 유언서임을 표시한 후 ⑤ 그 봉서 표면에 제출 연월일을 기재하고 ⑥ 유언자와 증인이 각자 서명 또는 기명날인하여야 하며, ⑦ 유언 봉서는 그 표면에 기재된 날로부터 5일 내에 공증인 또는 법원 서기에게 제출하여 그 봉인상에 확정일자인을 받는 유언 방식(민법 제1069조).
- 유언서 자체에 방식이 요구되는 것이 아니라, 유언의 비밀을 지키면서 그 변조 등을 방지하기 위하여 유언서를 비밀로 보관하기 위한 방법이 요구.

5) 구수 증서에 의한 유언(민법 제1070조)
- ① 질병 기타 급박한 사유로 인하여 앞에서 설명한 4가지의 방식에 의할 수 없는 경우, ② 유언자가 2인 이상의 증인의 참여로 ③ 증인 1인에게 유언의 취지를 구수하고 그 구수를 받은 자가 이를 필기·낭독하여 ④ 유언자의 증인이 그 정확함을 승인한 후 각자 서명 또는 기명날인하는 유언 방식(민법 제1070조 제1항). 다만 구수 증서에 의한 유언은 ⑤ 그 증인 또는 이해관계인이 급박한 사유의 종료한 날로부터 7일 내에 법원에 그 검인을 신청하여야 한다(민법 제1070조 제2항).
- 간편하게 작성할 수 있다는 장점이 있지만, 유언 당시 유언자에게 유언 능력 내지 의사 식별 능력이 명백히 존재하였음을 입증하여야 한다.

6) 유언장 작성 방식에 따른 사례별 장단점 정리

No	유언 방식	내용	장점	단점(위험성)
1	자필증서에 의한 유언	유언자가 유언 내용 등을 자서/날인 후 가정법원 검인 절차	별도의 증인이 필요 없음	유언자 사후 진정 성립 여부에 관하여 분쟁 가능성
2	녹음에 의한 유언	유언자가 유언 내용을 구술하고, 증인 (1명 이상)이 확인	핸드폰이나 카메라 등으로 간단하게 작성할 수 있음	녹음이 2개 이상 존재 시 무엇이 진실한 유언인지 분쟁 가능성
3	공정증서에 의한 유언	유언자가 증인 2인과 공증인에게 유언 취지 구술 후, 공정증서 작성	신빙성을 인정받기 쉬움	유언자가 유언 구술이 가능한 건강한 상태일 것
4	비밀증서에 의한 유언	유언자가 비밀증서 작성 후, 증인 2인 앞에서 자신의 유언서임을 표시하여 확인받음	유언 내용의 비밀 유지에 유리함	객관적인 제3자가 개입되어 있지 않아 신빙성 여부가 문제될 수 있음
5	구수 증서에 의한 유언	유언자가 증인 1에게 구수한 후, 증인 2인으로 부터 유언을 확인 받음	유언자가 위급한 경우에 사용 가능	질병 등 급박한 사유가 있는 경우에만 인정

2. 유언의 철회

1) 유언자는 언제든지 유언 또는 생전행위로써 유언의 전부나 일부를 철회할 수 있다 (민법 제1108조 제1항).

2) 전후의 유언이 저촉되거나 유언 후의 생전행위가 유언과 저촉되는 경우에는 그 저촉된 부분의 전(前)유언은 이를 철회한 것으로 본다(민법 제1109조).

3) 유언자가 고의로 유언증서 또는 유증의 목적물을 파훼한 때에는 그 파훼한 부분에 관한 유언은 이를 철회한 것으로 본다(민법 제1110조).

유언의 방식과 효력에 관한 판례

- 대법원 2014. 9. 26 선고 2012다71688 판결

민법 제1065조 내지 제1070조가 유언의 방식을 엄격하게 규정한 것은 유언자의 진의를 명확히 하고 그로 인한 법적 분쟁과 혼란을 예방하기 위한 것이므로, 법정된 요건과 방식에 어긋난 유언은 그것이 유언자의 진정한 의사에 합치하더라도 무효이다.

따라서 자필증서에 의한 유언은 민법 제1066조 제1항의 규정에 따라 유언자가 전문과 연월일, 주소, 성명을 모두 자서하고 날인하여야만 효력이 있고, 유언자가 주소를 자서하지 않았다면 이는 법정된 요건과 방식에 어긋난 유언으로서 효력을 부정하지 않을 수 없으며, 유언자의 특정에 지장이 없다고 하여 달리 볼 수 없다. 여기서 자서가 필요한 주소는 반드시 주민등록법에 의하여 등록된 곳일 필요는 없으나, 적어도 민법 제18조에서 정한 생활의 근거되는 곳으로서 다른 장소와 구별되는 정도의 표시를 갖추어야 한다.

- 대법원 2006. 9. 8 선고 2006다25103, 25110 판결

민법 제1065조 내지 제1070조가 유언의 방식을 엄격하게 규정한 것은 유언자의 진의를 명확히 하고 그로 인한 법적 분쟁과 혼란을 예방하기 위한 것이므로, 법정된 요건과 방식에 어긋난 유언은 그것이 유언자의 진정한 의사에 합치하더라도 무효라고 하지 않을 수 없고, 민법 제1066조 제1항은 "자필증서에 의한 유언은 유언자가 그 전문과 연월일, 주소, 성명을 자서하고 날인하여야 한다."라고 규정하고 있으므로, 유언자의 날인이 없는 유언장은 자필증서에 의한 유언으로서의 효력이 없다.

• 대법원 1992. 7. 14 선고 91다39719 판결

갑이 병원에서 비서로 하여금 유언을 받아쓰게 하여 유언서를 작성하고 사망한 후 갑의 처의
촉탁으로 합동법률사무소에서 정서된 유언서에 대하여 인증을 받았다면 갑의 유언은 민법 제
1070조 제1항 소정의 구수 증서에 의한 유언이라 할 것인데 같은 조 제2항의 기간 내에 법원의
검인을 받았다고 볼 증거가 없어 그 효력이 없다고 한 사례.

• 대법원 2006. 3. 9 선고 2005다57899 판결

민법 제1065조 내지 제1070조가 유언의 방식을 엄격하게 규정한 것은 유언자의 진의를 명확
히 하고 그로 인한 법적 분쟁과 혼란을 예방하기 위한 것이므로, 법정된 요건과 방식에 어긋난
유언은 그것이 유언자의 진정한 의사에 합치하더라도 무효라고 하지 않을 수 없다.
유언 당시에 자신의 의사를 제대로 말로 표현할 수 없는 유언자가 유언 취지의 확인을 구하는 변
호사의 질문에 대하여 고개를 끄덕이거나 '음', '어'라고 말한 것만으로는 민법 제1070조가 정한
유언의 취지를 구수한 것으로 볼 수 없다고 한 사례.

1
12

청나라 옹정제가 끝까지
후계자를 숨긴 까닭은?

옹정 원년(1723년) 8월, 청나라 옹정제는 모든 황자와 대신들을 불러 모았다.

"아무래도 황태자라는 제도는 바람직하지 못한 것 같다. 그러나 천자도 언젠가는 죽는 법, 따라서 반드시 후계자를 정해 둘 필요가 있다. 짐은 지금 마음속에 확실히 후계자를 결정해 두고 있다. 하지만 이것은 누구에게도 발표하지 않을 것이다. 다만 그 이름을 종이에 써서 이 작은 상자 속에 넣어 둘 것이다. 이 상자는 건청궁(乾淸宮)의 옥좌 위에 높이 걸린 '정대광명'(正大光明)이라는 액자 뒤에 놓아둘 것이다."

"짐이 마음속으로 결정해 두었던 후계자일지라도 앞으로의 행동거지를 봐서 공부를 게을리 하거나 나쁜 길에 빠지는 일이 있으면 즉시 그 이름을 바꿔 버릴 것이다. 짐에게 만일의 사태가 발생해 후계자를 말로 지목할 겨를이 없이 죽었을 때에는 여러 황자와 대신들이 함께 모여 이 상자를 열어 보라. 거기에 이름이 적혀 있는 자가 곧 황위 계승자이다."

이것이 청조 내내 계승된 〈태자밀건법(密建法)〉이다.* 옹정제의 아버지 되는 강희제가 황가의 계보에 올린 아들만도 무려 서른다섯 명. 딸은 중요하게 여기지 않았기 때문에 그 숫자를 알 수도 없다. 옹정제는 이 중 네 번째였다. 다행히 황권 투쟁에서 승리했지만, 다시는 이런 비극은 없어야 한다고 생각했다. 그런 그가 고안해 낸 것이 〈태자밀건법〉이다. 이로부터 황제의 많은 자녀들은 오로지 수양에 힘쓰며 아버지 황제의 마음에 들려고 노력하지 않으면 안 됐다. 신하들이 줄을 설 염려도 없었다. 죽는 순간까지 황권은 결코 황제의 손아귀에서 벗어날 수 없게 된 것. 참으로 교묘한 통치술이었다.

한국 재벌가에도 이른바 '왕자의 난'이 있었다. 지난 2000년, 고 정주영 현대그룹 회장 자녀들 사이의 분쟁을 언론들은 그렇게 불렀다. 현대 가 왕자의 난은 2003년 며느리와 시아버지 간의 '시숙의 난'으로, 2006년에는 며느리와 시동생 간의 난으로까지 이어졌다. 누구나 알고 있듯이 삼성그룹도 형제간의 난이 반복됐다. 또 두산, 한진, 롯데, 금호, 한화그룹 등이 그랬다. 구중궁궐의 권력투쟁만큼이나 재산 상속

---

* 미야자키 이치사다 지음, 차혜원 옮김, 『옹정제』(이산, 2001).

분쟁에서 자유로운 재벌 그룹이 거의 없을 정도다.

어떻게 하는 것이 좋을까? 역시나 답은 '상속 설계'에 있다. 그렇다면, 상속 설계를 자녀들과 상의하는 것이 좋을까? 아니면 비밀로 하는 것이 좋을까? 그것은 사실 가족사나 가풍 등에 따라 개별적으로 결정될 수밖에 없다. 상속 설계가 확정됐다면, 자녀들에게 이를 알려주는 것이 좋을까? 혹 옹정제처럼 숨기는 것이 좋을까?

이 또한 구체적인 상황에 따라 다를 것이다. 다만 주식회사 등을 소유, 경영하는 경우라면 시장에 대한 예측 가능성과 투명성을 우선적으로 고려해야 할 것이다. 사적 소유를 넘어선 공개된 기업이기 때문이다.

아울러 보편적 질문 중 하나는 '사전 증여가 나을지', '사후 상속이 더 나을지'다. 그리고 상속에 대한 자녀의 기대 심리가 자칫 자녀의 독립성에 해를 끼칠까 염려하기도 한다. 여기서 강조할 것이 유언은 자유지만 그렇다고 제멋대로의 자유는 아니라는 점이다.

유류분 제도가 있다. 유류분은 "피상속인의 재산 처분 행위로부터 유족들의 생존권을 보호하고, 법정상속분의 일정 비율에 상당하는 부분을 유류분으로 산정해 상속재산 형성에 대한 기여, 상속재산에 대한 기대를 보장하려는 것"(헌법재판소 2010. 4. 29. 선고 2007헌바144 결정)이다.

이처럼 유류분은 피상속인의 자유와 상속인의 기대를 절충시킨 제도다. 제도가 상징하듯이 조화와 양보가 필요하다. 조금 더 거칠게 표현하면, 너무 쥐고 있어도 안 되고, 너무 풀어도 안 되며, 미리 완전히 쥐 버려도 안 된다. 자녀의 형편이 어려운데도 사후 상속만을 고집하는 것 또한 위험할 수 있다.

상속은 본질적으로 가족 간의 문제다. 그래서 마음을 열어젖힌 상담이 중요하고, 전문가들의 비밀 엄수 또한 중요하다. 결국 '상속 설계'가 중요한 것이다.

1
13

죽음학이
학문이 될 수 있는 이유는?

"'곧 죽는다.'는 생각은 인생에서 결단을 내릴 때마다 가장 중요한 도구였습니다. 외부의 기대, 자부심, 수치심, 실패의 두려움은 죽음 앞에서 모두 떨어져 나가고, 오로지 진실로 중요한 것만 남기 때문입니다."

"죽음을 생각하는 것은 무언가를 잃을지도 모른다는 두려움의 덫에서 벗어나는 최고의 방책입니다. 죽음은 여전히 우리 모두의 숙명입니다. 아무도 피할 수 없지요. 그리고 마땅히 그래야만 합니다. 삶이 만든 최고의 발명품이 바로 '죽음'이니까요."

"죽음은 삶을 대신해 변화를 만듭니다. 죽음은 낡은 것을 깨끗이 쓸어버려 새로운 것이 들어서게 길을 터줍니다."

— 스티브 잡스, 2005년 스탠퍼드 대학 졸업식 연설 중에서

'죽음'을 학문의 영역으로 분류해 전문적으로 연구하는 '싸나톨로지'(Thanatology)라는 학문이 있다. 우리나라에서는 '죽음학', '생사학' 또는 '임종학' 정도로 사용된다. 싸나톨로지는 인문학·철학·종교학·의학·간호학 등 학문의 모든 영역에서 죽음에 관해 연구하는 학문의 통섭이다. 싸나톨로지의 직접적 대상은 죽음이지만 본질은 삶 그 자체다. 싸나톨로지를 전문적으로 교육하는 직업이 있다. '싸나톨로지스트'는 죽음 교육 및 상담 전문가다.

미국의 경우 '죽음학'은 1963년경 미네소타 대학의 정식 교과목으로 채택됐다. 우리나라도 2005년 이미 조직됐지만, 미국에서 죽음학회가 발족한 지는 오래전이다. 국제죽음학회 또한 미국 주도로 설립됐다. 일본에서는 사생학(死生學) 혹은 생사학이라고 칭한다. 일본 조치 대학에서 1975년 처음으로 '죽음 교육 과정'이 개설되었고, 도쿄 대학은 2000년 사생학연구소를 설립했다.

죽음은 숙명이겠지만, 숙명이라고 해서 방치할 일이 아니다. 그리고 삶과 죽음의 경계를 오로지 혼자의 힘으로 헤쳐 나가겠다는 생각 또한 위험하다. 인간의 한계에 대한 자각이야말로 죽음학의 시작이자 끝이다.

17년 간 임종을 앞둔 환자의 정신적 스트레스와 불안, 우울 같은 심리적 증상을 진단, 치료하는 의사로 일하면서 셀 수 없이 많은 죽음을 목도한 스위스 의사 모니카 렌츠(Monika Renz)가 있다.

"음악 치료사로서 나는 임종을 앞둔 많은 사람들이 외부 자극에 매우 민감하다는 사실, 특히 원초적 불안 형태에 가장 먼저 반응하고 동요한다는 사실을 알고 있다. 심층 심리학자로서 나는 그들이 자신의 임종 과정을 남들에게 보이고 싶어 하지 않는다는 점도 정확히 인식하고 있다."

"뿐만 아니라 죽어 가는 사람들의 조각난 언어에도 상징적인 내적 논리가 있다는 것도 알고 있다. 신학자로서 나는 임종 자리에서 경험하는 놀라운 사실들을 인식하는 것에 그저 머물지 않고 창조적이고 종교적인 표상으로 우리에게 현시되는, 거대한 차원으로 건너갈 수 있는 다리를 놓고자 한다."

그럼에도 렌츠는 덧붙인다. "임종을 준비하는 사람들은 죽음 앞에서 겸손해야 한다."[*]

얼마 전, 급작스레 세상을 떠난 저명한 법률가의 임종 소식을 들었다. 마지막 병문안을 하러 갔더니 법률가 집안임에도 제3의 변호사를 불러 유언장을 작성하고 계시더라고 했다.

임종을 준비하는 방식은 여럿 있다. 도움 또한 여럿 필요하다. 종교, 철학, 호스피스, 가족, 사랑하는 사람들까지. 법률적으로 이야기하자면 가족법, 상속법, 계약법, 세법, 신탁법의 개입이 필요하다.

이렇듯 따지고 보면, 죽음을 전후한 순간에 인간은 대단히 복잡하고 혼란스러울 게 틀림없다. 그럼에도 우리는 실제로 "그들 안에 무엇

---

[*] 모니카 렌츠 지음, 전진만 옮김, 『어떻게 죽음을 마주할 것인가 : 아름다운 마무리를 위한 임종학 강의』(책세상, 2017).

이 존재하는지는 모른다." 그 순간 그들이 어떤 생각을 하고 있는지 우리는 알 수 없다. 미뤄 짐작할 뿐이다.

그래서 준비하자는 것이다. 한계를 자각하고 종교인, 의료인, 세무사, 금융 전문가, 법률가들에게 도움을 요청하자는 것이다. 그래서 상속 설계는 인생의 마지막 설계인 것이고, 죽음학의 핵심 분야가 되는 것이다.

"죽음은 삶을 대신해
변화를 만듭니다.
죽음은 낡은 것을 깨끗이 쓸어버려
새로운 것이 들어서게 길을 터줍니다."

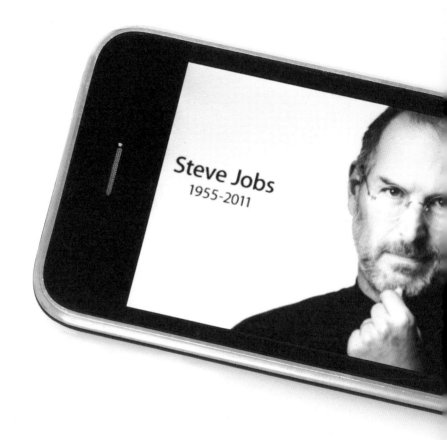

1
14

삶의 마지막에 당신은
무엇을 후회할까?

일본 메이지 시대 때 하라 단산이라고 하는 스님이 있었다. 원래 유학자였던 그는 조동종(曹洞宗) 스님들과 자주 논쟁을 벌이곤 했다. 그것이 계기가 되어 선 수행에 빠져들었다. 하지만 율법이 엉망이었다. 절에서 쫓겨났다. 오갈 데 없던 스님은 아사쿠사의 경내에서 주역점을 쳐주면서 생계를 유지하며 산스크리트어를 공부해 두었다. 눈여겨본 도쿄 대학 학장이 그를 초대 인도철학 강사로 초빙했다. 그러던 어느 날, 스님을 초빙한 학장이 죽었다. 인연이 있었던 스님이 장례식 인도를 부탁받았다. 학장의 장례식이었기에 유명 인사들이 죽 늘어앉아 있었다. 그 순간 스님이 법석에 올랐다. 그러곤 두 마디로 장례식을 인도했다. "그대들도 죽는다."*

그렇다. 나도, 우리도 언젠가는 세상을 뜰 것이다. 죽음의 순간은 평화로울까. 미련 투성이일까. 아니면 극심한 후회와 번민에 시달릴까. 만일 그 순간 의식이 투명하다면 나는 과연 무엇을 가장 후회할 것인가.

소설 『가시나무 새』의 가톨릭 신부 랠프 드 브리카사르트는 죽음에 이르러 사랑하는 여인을 지키는 평범한 성도로 살지 못한 것을 후회한다. 유대교 랍비 엘리에저는 임종의 순간 이렇게 후회했다. "난 개가 바다에서 물을 핥듯 많은 지식을 겉핥기 했다."

참고할 만한 몇 가지 텍스트가 있다. 다른 사람들의 후회담을 정리해 놓은 책이다. 영국과 오스트레일리아 사람들은 세상을 떠날 때 무엇을 가장 후회할까. 오스트레일리아 출신 작가이자 호스피스 간호사로 일했던 브로니 웨어(Bronnie Ware)는 말기 노인 환자를 돌보는 일을 하게 됐다. 그들과 함께 위로를 나누는 사이에 저자의 삶이 바뀌고 있었다. 그는 떠나가는 사람들의 후회를 지켜보면서 그들이 남기고 간 교훈을 블로그에 올리기 시작했다. 놀랍게도 대부분 사람들의 후회가 유사했다.

블로그는 2012년 최고의 인기 블로그가 되었고, 『내가 원하는 삶을 살았더라면(원제: 죽을 때 가장 후회하는 5가지)』**은 영미권의 베스트셀러

---

* 한토 다이가 지음, 『논어와 선』(민족사, 1992).
** 브로니 웨어 지음, 유윤한 옮김, 『내가 원하는 삶을 살았더라면: 생의 마지막 순간에 남긴 값진 교훈, 죽을 때 가장 후회하는 5가지』(피플트리, 2013).

가 되었다. 그는 떠나가는 사람들의 후회를 다섯 가지로 정리한다.

첫째, 다른 사람이 아닌, 내가 원하는 삶을 살았더라면.

둘째, 내가 그렇게 열심히 일하지 않았더라면.

셋째, 내 감정을 표현할 용기가 있었더라면.

넷째, 친구들과 계속 연락하고 지냈더라면.

다섯째, 나 자신에게 더 많은 행복을 허락했더라면.

일본에서 말기 환자를 돌보며 1천 명의 죽음을 지켜본 호스피스 전문의 오츠 슈이치(大津秀一)도 같은 주제의 책을 출간했다. 제목은 『죽을 때 후회하는 스물다섯 가지』.* 앞선 순위 다섯 가지만 적어 보자.

첫째, 사랑하는 사람에게 고맙다는 말을 많이 했더라면.

둘째, 진짜 하고 싶은 일을 했더라면.

셋째, 조금만 더 겸손했더라면.

넷째, 친절을 베풀었더라면.

다섯째, 나쁜 짓을 하지 않았더라면.

이처럼 동서양을 가로질러 같은 주제의 책을 펴냈다는 것도 흥미롭지만, 무엇보다 놀라운 건 후회의 유사함이다. 영어권의 첫 번째와 일본의 두 번째가 똑같다. 일본의 첫 번째와 영어권의 세 번째도 사실상 일치한다. 인간 삶의 보편성은 인간 후회의 보편성으로 수렴된다.

---

* 오츠 슈이치 지음, 황소연 옮김, 『죽을 때 후회하는 스물다섯 가지 : 1000명의 죽음을 지켜본 호스피스 전문의가 말하는』(아르테, 2015).

철학자 김용규 선생의 『백만장자의 마지막 질문』**이라는 책도 의미 깊다. 삼성그룹의 고 이병철 회장은 타계하기 직전 정의채 신부에게 네 쪽짜리 질문지를 건넸다. 질문 중 하나는 이렇다.

"성경에 부자가 천국에 가는 것을 낙타가 바늘구멍에 들어가는 것에 비유했는데, 부자는 악인이란 말인가."

인간이 어찌 완전할 수 있으랴. 그렇다면 후회는 삶의 일부다. 그럼에도 우리는 고통을 이해하고 삶과 죽음의 의미를 이해할 수 있는 방법을 끊임없이 모색한다. 후회도 그런 방편의 하나이리라.

무엇을 후회할 것인지를 미리 예측해 보는 일이야말로 상속 설계의 본류다.

** 김용규, 『백만장자의 마지막 질문 : 故 이병철 회장이 묻고 철학자 김용규가 답하는 신과 인간에 관한 근본적 통찰』(휴머니스트, 2013).

2

상속 설계
솔루션

기초편

당신은 상속 계획을 세우셨나요?

2
01

상속순위
누가 먼저 상속받을까?

　상속은 참 묘한 제도다. 모든 법률관계는 살아생전에, 살아 있는 사람의 법적 의사를 중심으로 이뤄진다. 그런데 상속은 다르다. 표현이 좀 서툴지만, '죽어야 사는' 제도다. 상속은 사람이 죽어야 비로소 시작된다.

　상속인이 한 명일 때는 아무런 문제가 없다. 그냥 그 한 사람에게 법률관계나 재산이 전부 귀속되기 때문이다. 하지만, 상속인이 여러 명이 있을 때는 문제가 달라진다. 서열을 정해 주어야 할지, 아니면 평등하게 대접해야 할지, 당장에 문제가 된다.

　법은 예측 가능해야 한다. 누구에게나 평등해야 한다. 분쟁을 예방할 수 있어야 한다. 이는 법의 본질이다. 민법의 한 부분이 상속법이다. 우리 민법은 상속순위를 법으로 정해 놓았다.

먼저 1순위. '피상속인의 직계비속'이다(법 제1000조 제1항). 법이라는 게 늘 이렇다. 보통 사람이 직관적으로 이해하기가 쉽지 않다. 더구나 수십 년 전의 한자어를 그대로 늘어놓아서 그렇다. 우리 시대, 우리말로 풀자면 '죽은 사람의 아들, 딸, 손자, 손녀'다.

아들, 딸, 손자, 손녀가 여러 명이면 어떻게 해야 할까. '촌수가 가까운 직계비속'이 우선이다(제1000조 제2항). 다시 설명하자면 아들과 손자가 있는 경우에는 촌수가 가까운, 그러니까 아들이 우선이라는 말이다. 아버지하고 아들은 일촌이고, 아버지와 손자는 이촌이기 때문에 당연히 아들이 우선이다. 이것이 법의 취지다.

다음은 2순위. '피상속인의 직계존속'이다(법 제1000조 제1항). 아들이 죽었다고 하자. 그 부모가 상속받는다는 의미다. 다음도 마찬가지다. 아버지도 살아 계시고, 할아버지도 살아 계신다고 했을 때 앞선 '직계비속'의 취지와 마찬가지로 할아버지보다는 아버지가 우선권을 갖는다는 의미다.

그다음 3순위. '형제자매'다. 그다음, 4순위. '4촌 이내의 방계혈족'이다(법 제1000조 제1항). 공동으로 상속할 때 그 지분은? 당연히 동등하다.

할아버지, 할머니도 아니고 아들, 딸도 아니고 손자, 손녀도 아닌 배우자는 어디로 가야 할까. 일단 독특하다. 배우자는 직계비속이 있는 경우에는 그 직계비속과 순위가 같다. 이를테면 아버지가 돌아가셨다. 그러면 어머니와 아들, 딸이 공동상속인이 된다. 만약 아들, 딸이 없는 경우에는? 어머니는 할아버지, 할머니와 순위가 같게 된다. 공동 상속인이 된다는 말이다. 부인이 죽었는데 아들, 딸도 없고 장인, 장모도 이미 돌아가셨다면 그때는 남편이 단독 상속인이다(법 제1003조).

민법은 이렇듯 순위는 공동으로 하되 지분은 좀 더 보장해 주었다. 배우자(남편 혹은 부인이 홀로 남았을 때)가 아들, 딸과 공동으로 상속하는 때에는 아들, 딸의 상속분에 5할을 더해 준다. 50%를 더해 준다는 말이다. 배우자가 (죽은 남편이나 부인의) 부모와 공동으로 상속하는 때에도 부모의 상속분에 50%를 더해 준다. 이를 수치로 정리하자면, (남편이 죽었을 때) 아내와 딸, 아들이 있는 경우 각기 상속분은 1.5(아내) : 1(딸) : 1(아들)이 된다. 역시 아내와 부, 모가 생존해 있는 경우 상속분은 1.5(아내) : 1(부) : 1(모)가 된다는 의미다.

가족이 평생 불변인 것은 아니다. 입양으로 자녀가 생긴 경우에는 입양이 효력을 발휘하는 시점부터 상속인의 지위를 갖게 된다. 입양자도 친생자와 법적으로는 전혀 차이가 없다. 역으로 파양(입양을 깬 경우)된 경우는 당연히 상속인의 지위를 잃게 된다. 이혼하면 어떻게 될까. 그걸로 끝이다. 상속인의 지위란 없다.

재혼한 경우가 늘면서 재혼에 따른 새로운 가족 관계의 창설, 그리고 당연히 뒤따르게 될 상속 문제는 어떻게 될까. 새로운 아버지와 어머니의 자식들 간에는 상속인의 지위가 인정되지 않는다. 새로운 어머니와 아버지의 자식들 간에도 역시 마찬가지다.

상속순위

우선순위	피상속인과의 관계	상속인 해당 여부	비고
1순위	직계비속과 배우자	언제나 상속인에 해당	계모자, 적모서자 사이에는 상속권 없음
2순위	직계존속과 배우자	직계비속이 없는 경우 상속인에 해당	이혼한 부모 및 양부모도 해당
3순위	형제자매	1, 2순위가 없는 경우 상속인에 해당	이성동복의 형제 (배다른 형제)도 해당
4순위	4촌 이내의 방계혈족	1, 2, 3순위가 없는 경우 상속인에 해당	형제자매의 직계비속은 3순위 상속인

법정 상속분 예시

구분	피상속인과의 관계	상속분	비율
자녀 및 배우자가 있는 경우	장남과 배우자만 있는 경우	장남 1	2/5
		배우자 1.5	3/5
	장남, 장녀, 배우자만 있는 경우	장남 1	2/7
		장녀 1	2/7
		배우자 1.5	3/7
	장남, 장녀, 차남, 차녀, 배우자가 있는 경우	장남 1	2/11
		장녀 1	2/11
		차남 1	2/11
		차녀 1	2/11
		배우자 1.5	3/11
자녀는 없고 배우자와 직계존속만 있는 경우	부모와 배우자만 있는 경우	부 1	2/7
		모 1	2/7
		배우자 1.5	3/7

2
02

상속의 승인과 포기
상속재산보다 빚이 더 많다,
어떻게 하지?

아버지가 돌아가셨다. 갑자기 채권자들이 몰려들었다. 하나하나 확인해 보니 법적으로 증명력이 있는 채권들이었다. 장례를 치르고 아버지 재산을 조사해 보았다. 남긴 재산은 3억 원. 완전히 확인하진 못했지만 남긴 빚더미는 대충 계산해도 10억 원. 어떻게 해야 할까.

상속은 당연 상속이다. 아들딸이 상속을 받겠다 말겠다 한들 전혀 의미 없다. 아버지가 돌아가시는 것과 동시에 상속의 효과는 발생한다. 아버지의 적극재산과 소극재산 모두 그대로 아들딸에게 귀속한다. 적극재산은 채권이나 부동산, 현금 등이고 소극재산은 갚아야 할 돈을 말한다.

그런데 상속 제도의 중요한 기능 중 하나가 상속인의 생활 보호 및 안정 기능인데 도리어 상속으로 인해 아들딸이 아버지가 남긴 빚더미에 눌러앉게 된다면 상속 제도의 취지에 반하는 것이 아닐까. 상속재산 가운데 채무가 채권보다 많은 경우 이를 벗어날 수 있는 방법을 마련해 두는 게 좋지 않을까. 그래서 법이 규정해 놓은 제도가 상속의 '포기'나 '한정승인'이다.

첫째, 상속의 포기. 글자 그대로 포기다. 아예 상속을 포기해 버리면 상속인은 더 이상 상속인이 아니다. 앞선 사례에서 아버지가 남기고 간 권리 3억이건, 빚 10억이건 모두 아들딸과 상관없는 일이 된다.

둘째, 한정승인. 법적으로 간단치 않은 제도다. 법적으로 설명하자면 '상속인이 상속으로 인하여 취득할 재산의 한도에서 피상속인의 채무와 유증을 변제할 것을 조건으로 상속을 승인하는 상속인의 의사표시'다. 한마디로 빚이 더 많은 경우다.

영미법에서는 이런 문제를 해결하기 위해 아예 상속재산 관리인(personal representative)이 상속채권자에게 채무를 변제하고 남은 재산을 상속인이 취득하는 방식이 원칙이다. 그런데 우리는 일단 상속을 받고 그다음에 한정승인을 신청하도록 정해 놓았다. 그래서 일단 법적으로는 한정승인이라 하더라도 상속인의 지위는 그대로 유지된다. 다만 상속재산의 한도 내에서만 아버지의 채무를 한정적으로 변제할 책임이 있게 된다. 아버지의 채무가 10억이고, 남긴 재산이 3억이라 했을 때 10억 채무를 다 갚는 게 아니라 3억만큼만 갚으면 된다는 제도다.

셋째, 특별법(〈채무자 회생 및 파산에 관한 법률〉)에 독특한 제도가 있다. 상속재산의 '파산'이다. 상속재산의 파산은 한정승인과 큰 차이는 없다. 다만 법적으로 상속재산의 파산에는 한정승인처럼 책임 제한의 효력이 인정되지 않으므로 상속재산의 파산과 한정승인을 함께 신청하는 경우도 있다. 파산이 인정되면 3억 자체를 변제하지 않아도 되는 것이다. 절차는 대부분 일반 파산 절차와 거의 유사하다.

스스로 제법 지혜롭다고 생각하는 아들딸이 있었다. '상속의 승인이나 포기가 법적으로 가능하다고? 그렇다면 권리만 승인하고 부채는 승인하지 않으면 되겠네.' 그래서 3억만 상속받고 부채 10억은 포기했다. 당연히 대법원까지 가게 됐다. 법원은 "상속의 포기는 포괄적·무조건적으로 해야" 하기 때문에 인정할 수 없다고 했다.

같은 맥락에서 상속의 승인이나 포기에는 조건이나 기한을 붙일 수 없다. 설사 조건부 또는 기한부로 승인이나 포기를 했다 하더라도 법적으로 완전 무효다. 단순 상속에 비해 한정승인은 아버지의 채권, 채무 관계가 얽혀 있기 때문에 훨씬 복잡하고, 법적으로 빨리 안정화할 필요가 크다. 채권자 등 이해관계인을 위해서나, 공익적 목적을 위해서나, 그리고 남은 자녀들을 위해서나 시간을 재촉해야 하는 것이다.

한편, 너무 재촉해도 안 된다. 아들, 딸들이 상속재산에 대해 충분히 조사할 만한 여유는 주어야 한다. 상속의 승인이나 포기는 상속인이 상속 개시가 있음을 안 날로부터 3개월 이내에 행사해야 한다. 기간

중에 상속인은 승인 또는 포기를 하기 전에 상속재산을 조사할 수 있게 되는 것이다. 특별한 경우에는 기간을 연장할 수 있다.

2
03

기여분
더 많이 상속받고 싶으세요?
그럼 효도하세요

춘추전국시대 노(魯)나라에 노래자(老萊子)라는 사람이 있었다. 나이 일흔이 되어서도 행여 부모님이 늙었다는 것을, 부모님이 느끼지 못하도록 때때옷을 입고 어린아이처럼 재롱을 피웠다. 자신의 나이를 부모님께 알려 드리지도 않았다. 때로는 물 잔을 들고 방문을 넘다가 넘어진 척하며 뒹굴기도 하고 앙앙 우는 모습을 보여 부모님을 웃게 만들었다. 그의 극진한 효성은 동양의 전설이 되었다.

지금도 이런 효가 가능할까. 효라는 도덕적 인자를 상속이라는 법적 요소로 평가해 좀 더 우대할 수 있는 길은 없을까. 한마디로 효자에게 상속재산을 더 얹어 주자는 그런 방식 말이다. 상속법에 기여분 제도가 있다. 자녀 중 상속재산의 유지·증가에 특별한 기여를 했거나,

특별히 부양(효도) 의무를 다한 사람이 있을 경우에 이를 고려하자는 제도다(민법 제1008조의 2).

예를 들어, 10억 원을 남기고 돌아가신 부모님이 계셨다. 결혼도 하지 않고 병든 부모님을 극진히 간호했던 효녀가 있었다. 이럴 때 효도의 몫으로 먼저 50%(5억 원)를 공제한다. 그랬을 때 상속재산은 10억원이 아니라 5억 원이 기준이 된다. 이 5억 원을 상속법에 따라 효녀를 포함한 다섯 형제끼리 공평하게 나눈다. 그러면 다섯 형제가 각각 1억 원씩을 받게 되는데, 효녀는 형제끼리의 상속 지분 1억 원에다가, 이미 공제해 둔 효도 기여금 5억 원을 더해 총 6억 원을 받게 되는 것이다.

그러면 효도의 정도(%)는 어떻게 정할까. 첫째는 자식들 간의 협의다. 그게 되지 않으면 법원이 정한다. 기준은 기여의 시기, 방법, 정도, 재산액 등의 사정을 참작한다. 효도의 정도나 기간, 다른 형제들의 협력 징도, 부모님의 경제력이나 질환의 상태, 이런 것들이 기준이 된다.

기여분에 대한 최근 법원의 경향은 어떨까. 부양의무를 당연시하던 전통이 무너져 내림에 따라 법원이 부양의무를 응원하는 쪽으로 방향을 틀고 있다. 기여분을 폭넓게 인정하는 추세다. 2010년 이전만 해도 '아버지가 돌아가실 때까지 같이 살며 병간호를 했다 하더라도 이는 부자지간에 당연히 해야 하는 부양의무의 이행'이기 때문에 기여분을 인정할 수 없다고 했다. 그랬던 법원이 '여러 형제 중 유일하게 생활비와 병원비를 보냈다면 기여분으로 100%를 인정해야 한다.'라는 판결을 했고, '주말과 휴일이면 반드시 부모님을 찾아뵙고 생활을 돌봐 왔다면 기여분으로 50%를 인정해야 한다.'라는 판례까지 나왔다.

이렇듯 부양의무에 따른 기여분을 폭넓게 인정하는 것이 판례의 확실한 경향성이다. 그렇다면 (효도) 기여분 제도는 당연히 상속 설계의 한 테마가 되어야 마땅하다.

그런데 기여분 제도를 상속 설계의 대상으로 삼기에는 결정적인 난점이 하나 있다. 기여분이 '법정' 유언 사항이 아니라는 점이다. 따라서 유언으로 남기더라도 법적 효력이 없다. 유가족들은 지킬 의무가 없다.

그러면 부모는 어떻게 해야 할까. 그저 늙어 가며 자식들의 선의에 기댈 수밖에 없다는 말인가. 법적으로 도덕적 의무인 효도를 강제할 수 있는 길은 없을까.

'부담부 증여'를 대안으로 제시한다. 살아 계신 부모님이 자식에게 부동산 등을 (상속이 아닌) 증여하고 자식은 효도의 의무를 부담하는 일종의 계약이다. 이를 '효도 계약'으로 제안하는 전문가(유찬영 세무사)도 있다.

판례도 있다. 부모가 성실히 부양해 줄 것을 조건으로 아들에게 부동산을 증여했다. 아들은 불효자였다. 도리어 패륜에 가까웠다. 부모는 증여 계약을 해제했다. 아들은 돌려줄 수 없다고 버텼다. 법원은 (조건 없는) '단순 증여'가 아니라 부양의무를 부담하기로 한 '부담부 증여'가 맞기 때문에 부동산은 부모에게 돌아가는 것이 맞다고 판결했다. 도덕은 따뜻하고, 법은 냉정하다. 하지만 법에도 온기가 있는 법이다. 기여분이 그렇다.

"장난삼아 어머니를 업어 보고, 너무나 가벼움에 울며, 세 걸음도 걷지 못하네." 이시가와 다쿠보쿠(石川啄木)의 하이쿠(俳句)다.

"장난삼아 어머니를 업어 보고,
너무나 가벼움에 울며, 세 걸음도 걷지 못하네."

2
04

유류분
내 유산 내놔!

"무릎에서 가장 가까울 때, 상속에서 가장 가깝다."

독일 속담이다.

유언장을 열어 보니 아버지는 막내아들에게만 상속재산을 몰아주고 떠나셨다. 최악의 분쟁, 가족 간의 '상속 분쟁'이 서막을 연다. 이런 일이 적지 않다.

실제로 국내 유명 제화 업체 창업자이자 명예 회장이 1천억 원대에 이르는 상속 재산의 대부분을 장남에게 물려주고 세상을 떴다. 나머지 형제자매들에게도 현금과 부동산 수십억 원씩을 나누어 상속했다. 뒤늦게 불공평함을 알아차린 몇몇 자녀들이 장남을 상대로 더 나누어 달라며 소송을 제기했다. '유류분 반환 청구' 소송이다.

본질적인 질문을 한번 던져 보자. 명예 회장의 상속재산에 자녀들 몫은 포함되어 있을까. 기대해도 되는 걸까. 명예 회장이 맨손으로 일군 재산이기 때문에 자신의 임의대로 유언하고 떠나도 아무 상관없는 것 아닐까.

모든 법률행위는 사회 상규에 위반하지만 않는다면 제멋대로 해도 아무 상관없다. 민법의 대원칙은 '내 재산은 내 마음대로'라는 '사적 자치의 원칙'이 지배하기 때문이다. 그래서 내가 유언으로 장남에게 상속재산을 몰아준들 무엇이 문제일까. 더구나 둘째 이하 자녀들에게 도 먹고살 만큼 수십억 원씩 남겨 주었다면.

그런데 법정 상속 제도가 있다. 법이 정한 상속 제도다. 법정 상속 제도 속에는 일정한 지분을 보장하는 제도가 존재한다. 그래서 학자들은 유류분 제도를 '사적 자치의 원칙(재산 처분의 자유)'과 '법정 상속 제도(재산의 공평한 분배)' 간의 조정 또는 균형이라고 설명한다.

상속 제도가 존재하는 이유는 무엇일까. 부의 대물림일까. 아니다. 가장 고전적으로 설명하자면 남겨 둔 가족들의 생계 보장, 즉 가족생활의 안정을 위해서다. 유언으로 가족 한 사람에게 상속재산을 몰아준다거나, 전혀 상관없는 제3자에게 재산을 넘겨 버리는 등으로 유가족들에게 아무런 재산이 남지 않게 된다면 이들의 생계는 위협받게 된다. 그래서 인정하는 제도가 바로 유류분이다.

유류분은 비율로 보장한다. '피상속인의 직계비속은 그 법정상속분의 2분의 1', '피상속인의 배우자는 그 법정상속분의 2분의 1'이다. 다시 설명하자면, 앞선 사례의 명예 회장이 사망했을 때 명예 회장의 아들, 딸, 배우자는 법정상속분의 2분의 1을 보장받는다. 누군가 침해했을 때 그 지분만큼 되찾을 수 있다는 의미다. 만일 자녀도 없고 부인도 없다면 그때는 직계존속과 형제자매들이 3분의 1씩 보장받는다.

증여재산을 어떻게 할지, 채무를 어떻게 할지 등은 나중에 전문가와 상의하기로 하고, 가장 쉬운 예를 들어 보자. 앞선 명예 회장에게 자녀 A, B, C 셋이 있었다고 하자. 이 중 A에게는 1억2천만 원을, B에게는 6천만 원을 생전에 증여하고 사망 당시에는 남은 재산이 전혀 없었다. C의 유류분이 문제가 된다. C의 유류분은 3천만 원(1억8천만 원×1/6)이 되는데, 상속재산은 아무것도 남아 있지 않기 때문에 A와 B에게 자신의 유류분 3천만 원 전액의 반환을 청구할 수 있다.

이때 A는 9천만 원(1억2천만~3천만 원)의 한도에서, B는 3천만 원(6천만 원-3천만 원)의 한도에서 비율에 의하여 반환해야 한다(3 대 1). 결론적으로 A는 2,250만 원을, B는 750만 원을 각각 C에게 반환하는 것으로 정리된다.* 이 소송에서 주의해야 할 점이 하나 있다. 1년 내로 소송을 제기해야만 한다. 법적 안정성을 고려한 엄격한 장치다.

40년의 역사를 가진 유류분 제도가 주는 교훈은 분명하다. 유언과 상속의 자유에는 유류분이라는 제한이 존재한다는 점. 그래서 이를

---

* 김상용·김주수, 『친족·상속법: 가족법』(법문사, 2018).

고려한 진중한 상속 설계가 필요하다. 그 기준점은 개인과 가족의 조화다. 그래서일까. 오래된 프랑스 속담이 하나 있다.

"상속자라는 명의가 없다면, 자식은 부모에게 더욱더 소중한 존재가 되고 부모도 자식에게 더욱 소중한 존재가 될 수 있었을 것이다."

그럴 것 같다.

2
05

제사상속
유해와 유골도 상속될까?

"이 세상에 죽음만큼 확실한 것은 없다. 그런데 사람들은 겨우살이 준비를 하면서도 죽음은 준비하지 않는다."

— 레프 톨스토이(Lev Nikolayevich Tolstoy)

죽음을 준비한다는 것은 삶을 부정한다는 의미가 아니다. 죽음을 운명으로 받아들이고 현재의 삶에 치열하라는 의미다. 이미 그러하겠지만 삶은 철저히 계획되고 준비되어야 한다. 연습이 없기 때문이다. 언젠가는 닥쳐올 죽음 또한 조심스러운 준비 절차가 필요하다. 상속 설계가 바로 그렇다. 동양적 죽음관에 비춰 볼 때 장례식을 어떻게 치를지, 장례 방법을 어떻게 할지, 예를 들어 화장할지, 매장할지, 수목

장(樹木葬) 혹은 바다장이나 우주장(宇宙葬, Space Burial)을 할지, 다음으로 제사를 어떻게 할지, 전통 제례대로 할지 아니면 종교 예식으로 할지 또한 상속 설계의 중요한 설계 사항이 된다.

얼마 전까지만 하더라도 상속은 크게 세 가지로 구분했다.

첫째, 제사상속,

둘째, 호주상속,

셋째, 재산상속.

기억하듯이 호주상속은 호주 승계로 변경되었다가 전면 폐지됐다. 양성 평등의 흐름에 따라 더 이상 호주제는 없다. 재산상속은 오히려 그 중요성이 강화됐다.

제사상속은 유교적 전통에 따라 오래전부터 중요한 문제였다. 현재에도 제사상속은 살아남아 사실상 이뤄지고 있다. 1933년 조선고등법원은 제사상속은 법률적으로 인정되지 않는다고 선언했다. 현행 민법도 제사상속을 정면으로 인정하지 않는다. 그래서 '사실상'이다.

우리 법제는 민법 제1008조의3(분묘 등의 승계)을 통해 제사상속을 간접적으로 승인한다. "분묘에 속한 1정보 이내의 금양임야(禁養林野)와 600평 이내의 묘토(墓土)인 농지, 족보(族譜)와 제구(祭具)의 소유권은 제사를 주재하는 자가 이를 승계한다." 제사를 주재하는 자가 제사용 재산을 (상속이 아닌) 승계한다. 이렇게 제사를 사실상, 간접적으로 승계(상속)하는 방식이다.

그렇다면 유해와 유골에 대한 권리는 누구에게 귀속되는가. 먼저,

유해와 유골이 소유권의 객체가 될 수 있을까. 자식이 여럿일 때, 유해와 유골은 누구에게로 넘어가야 할까. 대법원 판례와 다수설은 '유해와 유골은 제사 주재자에게 승계된다.'라고 정리했다.

본부인과의 사이에 3남 3녀를 뒀지만 가출한 아버지가 있었다. 이혼하지 않은 상태로 다른 여자와 동거를 시작해 1남 2녀를 두고 44년여 동안 함께 살았다. 아버지가 숨진 사실을 뒤늦게 알게 된 본부인 소생의 장남이 아버지를 선산에 모시겠다며 이복형제를 상대로 유해와 유골을 인도해 달라는 '유체 인도 청구 소송'을 냈다.

2008년 11월 20일, 우리 대법원은 '선친의 유해를 모실 권리는 숨질 때까지 40여 년간 모신 이복동생이 아니라, 본부인 소생 장남에게 있다.'라고 판결했다. 대법원 전원합의체 판결을 통해 확립된 제사상속에 대한 법률적 결론을 요약하면 다음과 같다.

첫째, 제사 주재자는 우선적으로 상속인들 사이의 협의로 정하되, 협의가 안 되면 장남, 장손의 순으로 넘어간다. 아들이 없을 땐 장녀가 제사를 주재한다.

둘째, 사람의 유해·유골은 매장·관리·제사·공양의 대상이 될 수 있는 유체물로서, 분묘와 함께 제사 주재자에게 승계된다.

셋째, 망인이 생전행위 또는 유언으로 자신의 유해·유골을 처분하거나 매장 장소를 지정한 경우에, 선량한 풍속 기타 사회질서에 반하지 않는 이상 그 의사는 존중되어야 한다. 다만, 그 존중은 법률적 의무가 아니라 도의적 의무다. 엄밀하게 따지자면 자식들은 지키지 않아도 된다. 그렇다고 무시하라는 말은 아니다. 이 또한 도덕률이기 때문이다.

넷째, 도저히 제사 주재자의 지위를 유지할 수 없는 특별한 사정이 있을 수 있다. 예를 들면 장기간의 외국 거주, 평소 부모를 학대하거나 심한 모욕 또는 위해를 가하는 행위, 합리적인 이유 없이 부모의 유지 내지 유훈에 현저히 반하는 행위 등을 한 경우다. 이때는 장남, 장손이 아니라 다른 상속인에게 승계될 수 있다.

2
06

상속인 자격
사실혼 배우자도 상속받을 수 있을까?

"나뭇잎이 떨어진다.

마치 저 머나먼 곳에서 떨어지듯이

머나먼 하늘에 있는 정원에서 그것들이 시들었을 때

거부하는 몸짓으로 떨어지고 있다.

그리고 밤마다 무거운 대지가

많은 별로부터 고독 속으로 떨어진다.

우리 모두는 떨어진다.

여기 이 손도 떨어진다.

그리고 다른 모든 것을 볼지니

모두가 떨어진다."

— 라이너 마리아 릴케, 〈가을〉

배우자와 사별하고 여생을 또 다른 배우자와 '사실혼' 관계로 살아온 부부가 있다. 이들 사이의 상속은 어떠할까. 먼저, 사실혼의 개념부터 정리하자. 사실혼은 법률혼이 아니다. 혼인신고를 하지 않았다는 의미다. 다음으로 불륜과 사실혼은 다르다. 사실혼은 결혼의 의사와 결혼 생활의 실체가 있는 경우다.

사실혼으로 인정받기 위해서는 두 가지가 요구된다.

첫째, 결혼할 의사가 있어야 한다.

둘째, 부부 공동생활로 인정될 만한 결혼 생활의 실체가 존재해야 한다. 판례가 주로 고려하고 있는 것은 동거 사실의 유무 또는 동거 기간, 부모 등 다른 사람에게 알렸는지 여부, 결혼식을 올렸는지의 여부 등이다.

다음은 중간 결론. 사실혼 배우자는 상속을 받을 수 없다. 같은 맥락에서 배우자가 사망한 다음에는 재산 분할 청구를 할 수도 없다. 학자 중에는 사실혼 배우자에 대해서도 상속권을 인정하자는 주장이 있기는 하다. 하지만 이런 주장은 현행 민법의 해석론을 넘어선다.

사실혼 배우자에게 상속권을 인정하지 않는 것은 헌법위반이라며 헌법 소송을 제기한 사람이 있었다. 우리 헌법재판소는 '상속권을 인정하지 않는 것은 위헌이 아니다.'라고 결정(2014.8.28.선고 2013헌바119

결정)했다. 다만 일부 재판관들은 보충 의견에서 생존한 사실혼 배우자의 재산권 등을 보호하기 위한 입법 개선이 필요하다고 주장했다.

헌법 소송에서의 쟁점은 이랬다. 법률혼 배우자에게만 상속권을 인정하고 사실혼 배우자에게 상속권을 인정하지 않는 것은 헌법상 대원칙인 '평등의 원칙' 위반이다. 또한 "혼인과 가족생활은 개인의 존엄과 양성의 평등을 기초로 성립하고 유지되어야 하며, 국가는 이를 보장한다"(헌법 제36조 제1항)라는 조항에 위배된다.

헌법재판소의 판단은 다음과 같았다.

"법률혼주의를 채택한 취지에 비추어 볼 때 제3자에게 영향을 미쳐 명확성과 획일성이 요청되는 상속과 같은 법률관계에서는 사실혼을 법률혼과 동일하게 취급할 수 없으며, …… 법적으로 승인되지 아니한 사실혼은 헌법 제36조 제1항의 보호 범위에 포함되지 아니한다."

한마디로 상속이라는 법률관계의 엄격성이 중요하다는 것이었다.

그러면 사실혼 배우자는 어떤 대책을 가질 수 있을까. 다음은 헌법재판소의 권유다.

"사실혼 배우자는 혼인신고를 함으로써 상속권을 가질 수 있고, 증여나 유증을 받는 방법으로 상속에 준하는 효과를 얻을 수 있다."

어찌 보면 하나 마나 한 소리일 수 있다. 사실혼 관계를 유지하지 말고, 법률혼으로 가라는 것이다. 다음으로는 미리 증여나 유증을 받아두라는 것이다.

사실 유사한 대법원 판례가 있었다. 사실혼 배우자(A)가 의식을 잃고 쓰러졌다. 중증이었다. 그로부터 한 달 후, 상대 배우자(B)가 '사실혼 파기를 이유로 한 재산 분할 청구 소송'을 제기했다. 그로부터 한 달 뒤, A가 사망했다. 법원은 "A 씨 생전에 B 씨의 의사 표시로 사실혼이 종료됐기 때문에 B 씨에겐 재산 분할 청구권이 있다."라고 했다.

조금은 현실성이 떨어지고, 조금은 냉정해 보이지만, 사실혼을 법률혼으로 바꾸는 것이 예방의 첩경이다. 다음으로는 미리 증여나 유증을 받아두는 방식이다. 마지막으로는 앞선 대법원 판례처럼 즉각 사실혼을 해소하고 재산 분할 청구를 하는 방법이 대책이 될 것이다.

덧붙이자면 〈공무원연금법〉은 사실혼 배우자를 특별히 보호하는 규정을 두고 있다. 〈주택임대차보호법〉도 그렇다. 현재 통용 중인 자동차 종합보험 약관도 사실혼이나 법률혼 간에 차등을 두지 않는다.

"이 세상에
죽음만큼 확실한 것은 없다.
그런데 사람들은
겨우살이 준비를 하면서도
죽음은 준비하지 않는다."

2
07

인지 청구와 상속회복청구권
나도 아버지 자식이야!

"아이 시절에는 예의 바르게 행동하기를.

젊은 시절에는 자제력을 발휘하기를.

어른이 되어서는 공정하게 행동하기를.

노인이 되어서는 현명하게 행동하기를.

죽어 갈 때는 고통이 없기를."

알렉산드로스 3세가 죽고 난 뒤 북부 마케도니아에서 태어난 셀레우코스가 지배자로 떠올랐다. 그는 티그리스 강에서 인더스 강에 이르는 광대한 지역의 새로운 통치자가 되었다. 셀레우코스가 건설한 아프가니스탄 북부의 새 도시 아이하눔에는 위와 같은 델포이의 격언이 기념물에 새겨졌다. 시대를 거스르는 여전한 진리다.

삶의 막바지에는 첩첩한 지혜가 필요하다. 지극히 예외적인 경우일 수밖에 없지만 이른바 숨겨 놓은 자식, '혼외자'(婚外子) 문제도 그중 하나가 될 수 있다. 법은 때로는 통상적인 상황보다는 예외적인 상황에서 더 효용을 발휘한다. 가족 관계에서도 그렇다. 언론에 수차례 보도됐음에도 불구하고 아무래도 가족들의 명예와 상관이 있어 조심스럽게 살펴보자.

최고 재벌 가문의 상속인(A)에게 혼외자(C)가 있었다. 1960년대 초반 이미 결혼한 상태였는데, 당시 신인 여배우(B)와 동거를 시작해 아들(C)을 얻게 됐다. 창업자 회장은 강력히 반대했지만 여배우는 혼자서 아들을 키우다 1980년대 초반 아들과 함께 미국으로 이민을 갔다. C는 미국에서 대학을 마친 뒤 귀국해서 사업을 경영하다 2004년 A를 상대로 '인지 청구의 소'를 제기했다. 이 소송은 '생부 또는 생모가 혼인 외의 출생자에 대하여 자신의 자녀임을 임의로 인정하지 않을 때' 하는 소송이다.

2006년, 대법원은 B, C의 주장과 디엔에이(DNA) 등 여러 증거를 통해 친자 관계를 확인하고, A와 C 사이에는 '법률상의 친자 관계'가 존재한다고 최종 확정했다. 그럼에도 A씨 가족들은 C를 가족으로 인정하지 않았다. 감정의 골은 깊었다. B는 2012년 A를 상대로 양육비 청구 소송을 제기했다. 아이를 B 혼자 길렀기 때문에 당연히 B가 승소할 수밖에 없었다. 2015년 A는 세상을 떠났다. 장례는 물론 상속 절차에서도 C는 소외됐다.

C는 자신의 상속 몫을 반환해 달라며 A의 부인과 그 사이에 태어난 남매들을 상대로 '상속 회복 청구의 소'를 제기했다. 이 소송은 글자 그대로 진짜 상속인이 다른 상속인에게 내 상속 몫을 반환해 달라고 청구하는 소송이다(민법 제999조). 그런데 A에게는 물려줄 재산보다 빚이 더 많았다. 소송에서는 숨겨 놓은 재산(차명 주식)이 쟁점이었다. 하지만 입증이 어려웠다. C가 패소했다.

또 다른 재벌 기업의 창업자이자 명예 회장이 세상을 떠났다. 혼외의 딸들이 법원에 친자임을 확인해 달라는 소송을 낸 적이 있었다. 이번에는 승소해서 명예 회장의 호적에 오를 수 있었다. 상속 회복 소송도 제기되었고, 조정으로 원만하게 해결됐다.

해결책이라 할 수도 없고 현실적으로도 대단히 어려운 일이겠지만, 역시 생전에 지혜로운 결단이 필요하다. 방향이 어느 쪽이건 설득과 화해가 필요했다. 재벌 가문이었기에 재산 관계에 대한 조정 가능성도 제법 여유 있었을 것이다. 결국 곤란한 현실이 상속인들의 몫으로 떠넘겨졌다. 상속 설계가 왜 필요한지를 말해 주는 대표적인 사례다.

이런 사례를 생각해 보자. 내연 관계에서 아이가 태어났다. 부동산을 넘겨주는 것으로 문제를 해결하기로 했다. '더 이상 내연 관계를 유지하지 않기, 더 이상 돈을 요구하지 않기, 그리고 친자 확인이나 재산 상속에 대한 권리를 완전히 포기하기' 등의 합의를 담아 공증까지 마쳤다. 남자가 세상을 떴다. 합의를 뒤엎고 '인지 청구'와 '상속 회복'의 소송을 걸어 왔다. 살아생전 남자와의 합의는 유효할까.

우리 법원은 인지나 친자 확인 청구는 신분 관계상의 권리이기 때문에 결코 포기할 수 없으며, 혼외자라 하더라도 상속권을 청구하는 것은 정당한 법적 권리이므로 기존 합의는 무효라고 판결했다.

대습상속
아들 대신 며느리와 손자가

"불멸은 선물이 아니요,

불멸은 하나의 성취다.

그리고 열심히 분투하는 자들만이

그것을 가지리라."

— 에드거 리 매스터스(Edgar Lee Masters)

불멸은 초월적 자아다. 인간의 본질을 넘어서는 숙제다. 인간으로서는 최선을 다할 뿐. 상속은 삶의 한 과정이다. 한편, 삶과 죽음의 강 사이에 놓인 다리다. 그 다리를 통해 가치와 전통이 승계된다.

물적 기초 또한 그렇다고 할 수 있다. 할아버지에게서 아버지로, 아버지에게서 아들로, 아들에게서 손자로, 자연스러운 세대 계승과 상속이 이뤄지는 경우도 있겠지만 그렇지 않은 경우도 있다. 아버지가 사망했을 때 자녀들이 이미 세상을 떠나고 손자, 손녀들만 남아 있다면 이때의 상속은 어떻게 될까. 어려운 법률 용어로 '대습상속'(代襲相續)이다. 근거는 '형평성'이다.

아버지를 A, 아들을 B, 며느리를 C, 손녀를 D라고 하자. 대습상속은 상속인이 될 B가, A의 사망으로 인해 상속이 개시되기 전에 사망하거나 상속 자격을 잃게 된 경우 C나 D에게 대신 상속하는 것을 말한다 (민법 제1001조).

그런데 우리 법의 재미있는 특징이 하나 있다. 독일은 D에 대해서만 대습상속을 인정한다. 그런데 우리는 C에 대해서도 인정한다. 독특한 입법례다. 어디서 비롯됐을까. 전통이다. 전통적 관습이 법이 되었다. 전통 사회에서 아들이 부모보다 먼저 사망한 경우 남겨진 며느리와 손자들에 대한 생계 대책의 일환이었다. 돌이키자면 부끄러운 일이지만 우리는 1945년 해방되고도 한동안 일본 민법을 그대로 썼다. 그러다 1958년에야 비로소 민법을 제정했는데 그때 처음 민법으로 들어왔다.

다른 나라와 비교해서 더 흥미로운 것은 그때만 하더라도 아들이 죽었을 때 며느리와 손자들의 권리로 대습상속을 인정했지만, 시대가 급속히 변화하면서 '그렇다면 딸이 죽었을 때 사위의 대습상속은 어떻게 해야 하나, 며느리만 인정해 주고 사위를 인정해 주지 않는 것은 양성 평등과 헌법상 가족제도 보장에 반하지 않을까'라는 질문에 부딪히게 됐다. 그래서 1990년 개정 민법은 며느리에게만 인정하던 대습상속권을 사위에게까지 확대했다. 덧붙이자면 10여 차례 개정된 가족법 개정에서 '유일하게' 남성에게 유리하게 개정된 사례가 됐다. 유교적 가부장제 질서 속에서 살아오다 보니 여성의 권리를 부양하여 양성 평등을 실현하는 방향으로 가족법이 개정되어 왔는데, 다른 방향으로 개정된 경우가 생겨난 셈이다. 이로써 다른 나라의 입법례에서 더 멀찍이 떨어져 가는 독특한 입법례를 만들어 냈다.

부부(A, B)에게 외동딸(C)이 있었다. 일찍 결혼했지만, 사위(D)와 사이가 좋지 않았다. C는 젊은 나이에 암으로 세상을 떠났다. 아이는 없었다. D와의 관계도 끊어졌다. 재혼하지는 않았지만 제멋대로 살고 있다는 소식만 풍문으로 들었다. A가 세상을 떠났다. 혼자 남은 B야 당연히 상속인이 되겠지만 D도 자격이 있을까. 이것이 1990년 개정 민법의 취지다.

대습상속을 정확히 이해하기 위해서 (유언이 특별히 존재하지 않은) 법정상속을 예로 들어 상속 지분을 계산해 보자.

① 피상속인 A(남자)가 사망하고 그의 상속인으로 처 B, 자녀 C, D, E, F, G가 있다고 하면 B : C : D : E : F : G의 상속 비율은 각 1.5 : 1 : 1 : 1 : 1 : 1이고, 각 상속분은 B 13분의 3, 나머지 자녀들은 각 13분의 2이다.

② 피상속인 A(여자)가 사망하고 그의 상속인으로는 남편 B, 친정 부모 C, D가 있다고 하자. B의 상속분은 7분의 3, C, D의 상속분은 각 7분의 2이다.

③ 피상속인 A(남자)가 사망하고 그의 상속인으로 처 B, 딸 C, A보다 먼저 사망한 장남 D의 대습상속인인 처 D1, 아들 D2, 딸 D3가 있다고 하자. 각 상속 비율은 1.5 : 1 : 1(3 : 2 : 2)이므로 결국 상속분은 21 : 14 : 6 : 4 : 4가 된다.

③이 바로 대습상속이다.*

---

* 윤진수, 『친족상속법 강의』(박영사, 2018).

2
09

북한 주민 상속
북한에 있는 가족들에게
상속하려면?

　지난 1백 년 동안 한반도의 사람들은 남북을 떠나 과격한 역사의 소용돌이에 휘말려야 했다. 유발 하라리(Yuval Noah Harari)의 논법을 가져오자면 인간으로서의 탁월한 적응력이 필요했다. 1918년 이후 일본 제국주의의 강점기에는 식민지의 백성이었다. 해방 직후 소련과 미국의 군정기에는 군정의 피지배인이었다.

　남과 북은 각기 다른 정치·경제의 경로를 걸어야 했다. 각 나라의 국민이었지만 자본주의와 사회주의라는 결정적인 이념 차이가 있었다. 각기 적응하고 살아야 했다. 독재를, 군사독재를, 민주공화국을, 그리고 다른 한편에서는 공산 독재를, 사회주의 왕조 체제를 살아야 했다. 여전히 신민(臣民)의 세월을 사는 이들이 있고, 시민으로서의 어엿한 지위를 회복한 이들이 있다.

도대체 지난 1백 년 동안 이 수많은 역사와 체제의 부침을 어떻게 견뎌 냈을까. 분단 체제라는 질곡의 역사는 가족사에도 심각한 상흔 (傷痕)을 남겼다. 가족은 찢어지거나 해체되는 이산의 슬픔을 겪어야 했다.

북쪽에 아내와 아들들을 남겨 두고 월남한 아버지가 있었다. 그는 한국전쟁이 발발하자 큰딸만 데리고 월남했다. 남쪽에서 재혼하고 자녀를 가졌다. 서울에서 개인 병원을 운영하며 부동산 등 1백억 원대 재산을 모았는데 어느날 세상을 떴다. 북에서 데리고 내려온 큰딸과 남쪽에서 생긴 자녀들 사이에 상속 분쟁이 벌어졌다. 남쪽 가족들에게만 상속이 이루어졌던 것이다.

큰딸이 북쪽에 두고 온 가족을 찾아 나섰다. 미국 국적을 가진 선교사들의 도움으로 운 좋게 가족을 찾아냈다. 흥미롭게도 북쪽 국가보위부 관계자들의 도움까지 동원됐던 모양이다. 가족 관계라는 인도주의적 입장이었을 게다. 북쪽에 사는 동생들의 위임장, 그리고 자녀로서 인정받을 수 있는 머리카락과 손톱 등 유전자 샘플이 서울 법원에 제출됐다. 이런 과정은 동영상으로 담겨 역시 법원에 제출됐다. 이후 먼저 친자식임을 확인받는 '친생자 관계 존재 확인 청구 소송'이 있었다. 당연히 북쪽 주민으로 살고 있는 아들이 승소했다. 이 소송에서는 '과연 북쪽 주민도 남쪽 법원에 소송을 제기할 자격이 있는지'가 논란이 됐다.

법원은 이를 인정했다. 같은 대한민국 국민이라는 것이었다. 다음 단계로 남쪽 자녀들끼리만 상속받은 재산을 나눠 달라는, 유산 분할을 청구하는 '상속 회복 청구 소송'이 제기됐다. 법원은 판결로 결정을 내리기보다는 같은 아버지를 둔 가족이기 때문에 합의가 더 나을 것이라 생각했다. 상속재산의 분할에 대한 협의를 권유했고, 32억5천만 원을 북쪽 자녀들에게 지급하는 것으로 합의됐다.

재산은 여전히 서울에 남아 있다. 그렇다면 이 상속재산은 어떻게 북으로 보내야 할까. 또 이 재산을 누가 관리해야 할까. 남쪽에 있는 재산을 상속받은 북쪽 주민에게 재산관리인을 선임할 수 있도록 하는 법이 있다. 〈남북 주민 사이의 가족 관계와 상속에 관한 특례법〉이다.

법 제13조는 북쪽 주민이 상속으로 남쪽의 재산을 취득한 경우 재산관리인을 선임할 수 있는 근거를 만들었다. 그래서 이 소송의 당사자인 북쪽 주민을 위해 지난 2012년, 서울가정법원은 '배다른' 남쪽 형제가 아닌 더 중립적일 수 있는 변호사를 이 사건의 재산관리인으로 선임하는 결정을 내렸다. 남쪽에 있는 재산을 상속받은 북쪽 주민에게 남쪽 재산관리인을 선임토록 한 첫 결정이었다. 분단국가라서 있을 수 있는 독특한 법리요, 판례요, 법이었다.

이와 함께 〈남북 주민 사이의 가족 관계와 상속 등에 관한 특례법〉에 따르면 북쪽 주민도 대한민국 국민으로서 남쪽 재산에 대한 상속권 및 상속회복청구권을 인정받을 수 있다.

최근 한반도 비핵화의 흐름에 따라 북쪽 가족에 대한 상속 혹은 북쪽 부동산에 대한 회복 문제에 부쩍 관심이 늘고 있다. 다만, 우리는 상속 설계의 입장에서 질문을 던져 보아야 한다. 왜 의사 출신 아버지는 이런 상속 분쟁을 예상하지 못했을까. 왜 미리 설계하지 않았을까. 그래서 상속 설계다.

2
10

유증과 사인증여
가족 이외의 다른 사람에게
상속을 하고 싶다면?

"세상은 내 바람대로 평화롭게 흘러가지는 않는 것 같다. 간혹 부모의 재
산을 똑같이 나누기로 했다는 사실에 안도한 채 부모의 병실에는 얼굴 한
번 보이지 않는 자녀가 있는가 하면, 재산 분배에 만족하지 못하고 불합
리한 결론을 내린 자식들이 서로에게 행패를 부리는 모습을 보며 병석에
서 남몰래 눈물 흘리는 환자도 있다. 또는 부모한테 잘하는 정도에 따라
상속 지분을 바꾸어서 이것이 또 분쟁의 불씨가 되는 일도 있다. 실제로
나는 상속 금액에 따라 병든 부모를 대하는 자식들의 행동이 판이하게 달
라지는 씁쓸한 현실을 자주 접했다."

일본의 호스피스 전문의 오츠 슈이치가 쓴 책『죽을 때 후회하는 스

물다섯 가지』에 나오는 이야기다.

극단적인 경우를 예정해 보자. 이런 꼴이 보기 싫어 자식들에게는 한 푼도 남기지 않고, 제3자에게나 법인에게 상속재산을 남기고 떠나는 경우가 있다. '유증'(遺贈)이다. 유증은 유언자의 사망으로 효력이 발생하는 증여다.

유언이 없을 경우 상속재산은 법이 정한 비율과 자격에 따라 상속된다. 이는 법정상속이다. 그러나 유언을 통해 가족들이 아닌 다른 누군가에게 재산을 증여하고 싶은 경우가 있을 것이다. 유언장에 미리 재산을 받게 될 사람을 특정해 놓으면 된다. 유증은 받을 사람이 동의해 줄 필요도 없고 미리 알 필요도 없다. 법적으로는 '단독행위'라고 설명한다.

그런데 걱정거리가 하나 있다. 유언장을 집행할 책임이 있는 자녀 중 일부가 이를 무시해 버리면 어떻게 될까. 알 수 없는 노릇이다. 이런 경우를 대비해서 법은 또 다른 제도를 마련해 두었다. '사인증여'(死因贈與)다. 생전에 증여를 받을 사람과 재산 증여의 계약을 미리 만들고 협의를 마쳐 두는 것이다. 그래서 사인증여는 증여 계약의 하나다. 사망을 조건으로 하여 효력이 발생하는 증여 계약이다. 그런 점에서 유증과 사인증여는 구분된다.

늘 강조하지만, 유언자가 유언을 통해 자신의 재산을 처분하는 것은 유언의 자유요, 유언자의 자유다. 그래서 자신의 재산을 아무런 대가 없이 제3자에게 주고 떠나는 것 또한 허용된다. 이를 위해서는 간단한 자격이 필요하다.

유증을 받는 사람, 그러니까 수유자는,

첫째, 유언자의 사망 당시 권리능력을 가지고 있어야 한다.

둘째, 아직 법적으로 사람이라 할 수 없는 뱃속의 태아에게도 유증을 남길 수 있을까. 가능하다. 이 경우에는 이미 출생한 것으로 보기 때문이다.

셋째, 상속을 받을 수 있는 자격을 상실한 사람들이 있다. 그러면 상속 대신 유증으로 대신할 수 있을까. 안 된다.

넷째, 수유자는 자연인만 가능할까. 아니다. 법인도 가능하다.

상속 권리자의 입장에선 유증이라는 제도가 대단히 불편하게 다가올 수 있다. 하지만 정반대로 상속 의무자의 입장에서는 유증이라는 제도가 자신의 권리와 자유를 극대화하는 제도일 수 있다. 양자의 접점에 서 있는 제도로 '부담부 유증'이 있다. 유증에는 부담을 붙일 수 있다. 법에서 부담은 '조건'이다.

미성년 손자, 손녀를 데리고 살던 A가 세상을 떠났다. 유증의 내용이 담긴 유언장을 미리 작성해 두었다. 간단했다. 손자, 손녀가 성년에 달할 때까지 매달 월 1백만 원씩 주라는 조건을 달아 놓았다. 유효할까. A의 유증을 통해 수증자인 B가 증여받은 재산이 3천만 원이고, 손자, 손녀들이 성인이 될 때까지 B가 A의 손자 손녀들에게 월 1백만 원씩 주어야 할 돈이 5천만 원이라면 어떻게 해야 할까.

상속법 조문은 이렇다.

"부담 있는 유증을 받은 자는 유증의 목적의 가액을 초과하지 아니한 한도에서 부담한 의무를 이행할 책임이 있다."

즉 5천만 원이 아닌 3천만 원 범위 내에서만 의무를 지게 되는 것이다. 역으로 3천만 원만 받아 챙기고 월 1백만 원씩 부담하는 조건을 무시하는 경우에는 어떻게 될까. 역시 상속법은 유증을 받은 자가 그 부담 의무를 이행하지 않은 때에는 유언의 취소를 인정한다. 채무불이행을 원인으로 하는 계약의 해제와 유사한 구조다.[*]

[*] 윤진수,『친족상속법 강의』(박영사, 2018).

2
11

후견

치매 대비,
법적으로도 가능할까?

아버지가 치매에 걸렸다. 아버지는 애써 부인하지만, 의사는 치매를 확진했다. 여전히 경영 일선에서 활동 중인 아버지에게는 중요한 의사 결정이 많다. 어떻게 해야 할까.

'성년 후견' 제도가 있다. 2011년에 국회를 통과해 2013년부터 시행되고 있는 제도다. 질병, 장애, 노령 등에서 비롯된 정신적 제약으로 인하여 자신의 재산이나 신상에 관한 사무를 처리할 능력이 결여되거나 부족한 사람의 의사 결정 및 사무 처리를 돕기 위하여 마련된 제도다. 의사 결정의 정신적 한계를 가진 어른을 대신해서 다른 사람이 의사 결정을 하거나 일을 돕는 것이다.

사실 이 제도는 법전에 있었지만 활용도가 높은 제도는 아니었다.

이는 고령화 사회인 일본도 마찬가지여서 후견인 활용은 5%에 그치고 있고, 치매 환자 본인의 뜻을 확인하지 못해 묶여 있는 금융자산이 일본 국내총생산(GDP)의 40%에 이르고 있어 큰 문제가 되고 있다. 그런데 모든 일이 그렇듯 불현듯 유행이 되는 때가 있다. 유명 인사들의 사건이나 사고를 거치고 나면 미처 몰랐던 여러 제도나, 그 제도의 한계들이 전파되는 것과 같은 이치다. 성년 후견 제도가 그러했다.

2015년 12월, 롯데그룹 총괄 회장의 동생 중 한 사람이 총괄 회장에 대한 성년 후견 신청을 가정법원에 접수했다. 총괄 회장이 "정신적 제약으로 사무 처리 능력이 부족하다"는 게 이유였다. 때마침 형제간에 경영권 분쟁 중이라서 결정이 미치는 영향력이 상당했다. 대법원의 결정이 내려지기까지 1년 반이나 걸렸다. 법원은 공익법인을 성년 후견인으로 지정했다.

여든을 넘긴 건설 회사 사장이 있었다. 부인은 일찍 세상을 떴다. 자녀들의 반대 속에 일흔을 넘어서 50대 여성과 재혼을 했다. 그 사장이 치매 진단을 받았다. 두 아들 중 한 명이 아버지와 새어머니의 혼인은 무효라는 소송을 제기했다. 아버지의 의사 결정이 정상적이지 않았다는 이유였다. 가족 간에 분쟁이 시작됐다.

합법적인 혼인임을 주장하는 새어머니와, 혼인 무효를 주장하는 두 아들이 각기 자신들을 성년 후견인으로 지정해 달라는 소송을 제기했다. 새어머니는 자녀들이 아버지의 재산을 노리고 치매를 주장함과 동시에 혼인 무효 소송을 제기한 것이라며 다투고 나섰다. 아들들은 정반대의 주장으로 맞섰다. 일반적으로 성년 후견인은 가족이나 친족들이 맡는 경우가 대부분이다. 하지만 이 사건에서 법원은 새어머니나 아들 중 어느 한쪽이 성년 후견인을 맡는 것은 불합리하기 때문에 제3자를 후견인으로 지정하는 것이 맞다고 했다. 변호사가 후견인으로 지정됐다.

대법원의 공식 통계집인 『사법연감』에 따르면, 2013년 시행 첫해에는 총 1,883건이 신청됐다. 그랬던 것이 2016년에는 8,459건까지 늘어났다. 롯데그룹 총괄 회장 사건 이후 제도가 널리 알려짐에 따라 예방적으로 이를 활용하는 사람들이 늘고 있다. 긍정적인 지표다.

앞서 설명한 것은 아버지가 치매에 걸렸을 때 부인이나 아들이나 형제가 후견을 신청하는 경우(법정 후견)다. 아버지의 동의 여부와는 상관없다. 그렇다면 노령과 정신적 장애를 미리 예상하고, 아버지 스스로 미리 후견인을 선임할 수 있는 제도는 준비되어 있을까. 당연히 있다. 계약은 자유이기 때문이다. 아버지가 정신적 건강에 아무런 문제가 없을 때 누군가에게 후견인을 맡기고, '후견 계약'을 체결하면 간단히 해결된다.

앞부분은 중복되지만, 후견 계약이란 질병, 장애, 노령 그 밖의 사유로 인한 정신적 제약으로 "사무를 처리할 능력이 부족한 상황에 있거나 부족하게 될 상황에 대비하여 자신의 재산 관리 및 신상 보호에 관한 사무의 전부 또는 일부를 다른 자에게 위탁하고 그 위탁 사무에 관하여 대리권을 수여하는 것을 내용으로 하는 계약"이 되겠다. 후견 계약 역시 2011년 성년 후견 제도 도입 당시 새롭게 도입된 제도다.

그렇다면 후견 계약의 장점은 무엇일까. 내가 직접, 부인이 믿을 만하면 부인으로, 장남이 믿을 만하면 장남으로 후견인을 지정할 수 있다는 점이다. 다만, 계약서는 반드시 공정증서여야 한다. 일관된 느낌이 있을 것이다. 역시나 문제는 준비다. 설계다.

법이 개입하기 전에 내가 먼저 결정한다.

HERITAGE

3

상속 설계
솔루션

심화편

기억의 총합이 상속이다

3
01

60달러가
110만 달러로 변하는 마법

미국 애리조나 주에서 구급차 관리인으로 일하던 사람이 있었다. 그의 취미는 벼룩시장이나 유품 세일 시장에서 물건을 사고파는 것이었다. 그는 여느 날처럼 돌아가신 분의 유품을 처분하는 집을 찾았고, 자녀와의 흥정을 통해 유화 두 점을 60달러에 사들였다. 그는 그림보다도 액자가 맘에 들어 다른 때보다 조금 비싼 가격에 구입했다.

집으로 가져와 먼지를 털어 내고, 정성껏 사진을 찍어 뉴욕의 경매회사인 크리스티에 그림의 가치와 경매 의사를 담아 편지를 보냈다. 놀란 크리스티가 회화 전문가를 애리조나로 급파했다. 그해 겨울 감정 의견을 붙여 60달러짜리 회화 두 점이 경매장에 출품됐다. 경매는 호가를 거듭한 끝에 무려 110만 달러에 낙찰됐다.

HERITAGE 3 상속 설계 솔루션 : 심화편

뒤늦게 이 소식을 접한 뒤 억울하다고 느낀 고인의 자녀가 구급차 관리인을 사기죄로 고소했지만 법원은 구급차 관리인에게 혐의 없다는 처분을 내렸다. 이번에는 변호사를 바꿔 민사소송을 걸었다. 착오에 의한 매매였다며 계약의 취소를 주장한 것이다. 법원은 이 또한 인정하지 않았다. 이 사건은 1996년 미국에서 실제 일어났던 일이다.

명작의 가치는 영원하다. 그렇다면 그 가치에 대한 소유도 영구적일까? 그렇지 않다. 세상에 영원한 것은 없다. 예술품 소유 또한 마찬가지다. 예술품이 시장에 나오는 주요 경로를 압축한 용어로 '3D'라는 것이 있다. '3D'는 죽음(Death), 파산(Default), 이혼(Divorce)이다.

예술품에 대한 부모의 관심과 안목이 자식에게 유전되는 경우도 있겠지만 그렇지 않을 때도 많다. 아버지의 눈에는 세계적인 명화라 할지라도 자녀의 눈에는 그저 '이발소 그림'이 될 수 있는 것이다. 그래서 생전에 예술품이나 우표, 와인, 수집품, 고서, 희귀본 등 장서의 목록을 정리한 뒤 가치를 평가해야 한다. 또한 증여나 상속, 처분, 기부 등을 비롯해 미술관, 도서관 건립이나 재단법인 설립 등의 계획을 세우는 것은 '상속 설계'의 중요한 테마 중 하나다.

세계적인 디자이너 이브 생 로랑(Yves Saint Laurent)이 사망한 다음 해인 2009년, 프랑스 파리에서 '이브 생 로랑 미술품 컬렉션 경매'가 열렸다. 피카소, 마티스 등 7백여 점의 작품들이 출품돼 우리 돈 5천3백억 원에 낙찰되는 진기록을 세웠다. 이 컬렉션은 이브 생 로랑과 그의 동반자인 피에르 베르게(Pierre Berge)가 50여 년간 착실하게 모은 걸작

들이었다. 베르게는 이브 생 로랑과의 생전 약속(상속 설계)에 따라 경매로 벌어들인 수익 전부를 자선단체 등에 기증했다. 이는 예술품에 대한 상속 설계의 대표적 사례가 됐다.

예술품 등에 대한 상속 설계에는 여러 가지 방안이 있을 수 있다. 무엇보다도 첫째는 정리 작업이다. 전문가와 함께 목록을 정리하고, 구입이나 수집 경로를 정리하는 등 예술품의 가치를 정리한 뒤 상속 등 처분 계획을 세우는 일이다.

둘째는 증여나 상속이다. 모든 가치 있는 재산이 그렇듯이, 예술품에도 당연히 세금이 따른다. 1991년 WTO 협약에 따라 관세가 붙지 않을 뿐 상속세와 증여세 모두 부과된다. 다만 미술품은 등기, 등록을 요하는 재산이 아니기 때문에 공시 가격은 없다. 그래서 과거에 부동산 다운 계약서 작성 관행처럼 구입 가격을 낮게 신고하는 방법이 시장에서 통용되곤 한다. 이는 바람직하지 않지만 아직까지 우리 현실이 그러하다.

셋째는 박물관이나 미술관 등에 기부하는 것이다. 몇 년 전 화장품 회사 에스티 로더의 레너드 로더(Leonard Lauder) 회장이 뉴욕 메트로폴리탄 박물관에 우리 돈 약 1조1,285억 원에 상당하는 예술품 80여 점을 기증한 일이 있었다. 이는 예술품 기부에 대한 세제 혜택이 정비되어 있는 미국 뉴욕주법 덕분이기도 했다.

우리도 법인세법과 소득세법에서 미술품에 대한 기부액을 법정 기부액으로 산입하는 조항이 있다. 하지만 전문가들은 이를 두고 아직까지 많이 부족하다고 평가한다. 최근 일본의 금융기관은 '미술품 신탁 사업'을 새롭게 시작했다. 이 역시 상속의 한 방법으로 활용될 예정이다. 부자들의 포트폴리오가 종래 부동산 중심에서 주식이나 동산, 예술품 등으로 변화되면서 상속 설계의 방법 또한 다양해지고 있다. 이것이 세계적인 추세다.

특수 자산의 가치 평가 방법

- 시장 비교: 의뢰가 들어온 예술품을 비슷한 시기 같은 작가의 유사한 다른 예술품과 비교하거나, 유사한 평판과 명성을 가진 다른 작가의 유사한 작품의 가격을 비교하여 분석하는 것.
- 비용 비교: 동일 예술품을 재생산 또는 재제작할 때 들어가는 비용에 기해 가치를 평가하는 것. 가격이 비싼 귀금속류나 보석 등으로 만드는 예술품이나, 제작 단가가 높은 장식미술 등의 가치를 평가할 때 유용.
- 소득: 예술품으로 대여 사업을 하거나 상품을 제작하여 머천다이징 사업을 하는 경우 수익 가치를 평가에 반영하는 것.
- 법원의 판단 기준: 법원은 대개 평가사의 경험과 능력, 법정에서 증언 내용, 유사한 예술품의 시장 가격 분석 등을 종합적으로 고려하여 판단.

서화 · 골동품에 대한 양도소득세

1. 서화 · 골동품 양도소득
- 〈소득세법〉 제21조 제1항 25호에서 기타소득으로 규정.
- 원천징수 대상 소득
- 종합소득세 합산신고 의무 없음.

2. 과세 대상
- 개당, 점당 또는 조당 양도 가액이 6천만 원 이상인 것.
- 양도일 현재 생존해 있는 국내 원작자의 작품은 제외.
- 국외 원작자의 작품은 생존 여부를 불문하고 과세 대상에 해당.
- 회화, 데생, 파스텔[손으로 그린 것에 한정] 및 콜라주와 이와 유사한 장식판
- 오리지널 판화, 인쇄화 및 석판화
- 골동품(제작 후 1백 년을 넘은 것에 한정한다)

3. 비과세
- 〈문화재보호법〉에 따라 국가 지정 문화재로 지정된 서화 · 골동품의 양도로 발생하는 소득
- 서화 · 골동품을 박물관 또는 미술관에 양도함으로써 발생하는 소득

4. 서화·골동품 양도 소득 과세 계산 사례

사례 ①

생존 작가가 아닌 국내 화가 甲의 작품(동양화)을 A가 2006.1.1. 5천만 원에 취득하여
보유하다가 2013.2.15. B에게 7천만 원에 양도한 경우.

① 원천징수 의무자 : 'B'

② 기타 소득 금액(14,000,000원)

　　= 총수입 금액(70,000,000원)-필요경비×(56,000,000원)=14,000,000원

　　* 총수입 금액의 80% 필요경비 인정(취득 가액이 양도 가액의 80% 미만)

③ 원천징수 세액(기타 소득세+지방 소득세)=3,080,000원

　　Ⓐ 기타 소득세=기타 소득 금액(14,000,000원)×20%=2,800,000원

　　Ⓑ 지방 소득세=기타 소득세(2,800,000원)×10%=280,000원

사례 ②

甲이 과세 대상 골동품(도자기)을 6천만 원에 취득하여 11년간 보유하다
乙에게 2013.2.10.에 7천만 원에 양도한 경우.

① 원천징수 의무자 : '乙'

② 기타 소득 금액(7,000,000원)

　　= 총수입 금액(70,000,000원)-필요경비×(63,000,000원)=7,000,000원

　　* 총수입 금액의 90% 필요경비 인정(보유 기간 10년 이상이므로 양도 가액의 90% 미만)

③ 원천징수 세액(기타 소득세+지방 소득세)=1,540,000원

　　Ⓐ 기타 소득세=기타 소득 금액(7,000,000원)×20%=1,400,000원

　　Ⓑ 지방 소득세=기타 소득세(1,400,000원)×10%=140,000원

* 국세청, "서화 골동품 양도에 대한 과세제도 안내," 2013, https://www.nts.go.kr.

3
02

지식 재산 상속에 따른
'맞춤형' 솔루션

부동산만 상속되는 것은 아니다. 저작권, 상표권, 특허권, 디자인권 같은 지식 재산(Intellectual Property)이야말로 4차 산업혁명 시대의 핵심 자산이다.

예를 들어 특허권은 출원일로부터 20년 간 보호된다. 상표권은 등록일로부터 10년간 보호되는데, 10년씩 갱신할 수 있다. 자칫 기한을 놓치거나 유지 조건을 놓쳐 귀중한 자산을 경쟁자에게 뺏길 수도 있다. 저작권의 경우 저작자의 일생과 저작자의 사망 다음 해부터 70년 간 보호받을 수 있는데, 주로 문화 예술의 영역에서 발생하는 저작권은 특허나 상표 같은 산업 재산권에 비해 보호 기간이 길며, 보호 방식 등에 있어 차이가 크다.

지식 재산을 상속받아 관리하는 방식은 크게 세 가지다.

첫째는 가족이다. 노벨상 수상 작가 알베르 카뮈(Albert Camus)의 경우 1960년 불의의 사고로 세상을 뜬 이후 부인 프랑신이 관리했다가 1979년 프랑신마저 세상을 떠난 이래 딸 카트린 카뮈가 아버지의 모든 작품과 지식 재산들을 관리하고 있다. 정반대로 우리나라의 경우 이중섭 선생의 아들이 위작 사건에 개입한 적이 있어 충격을 안기기도 했다.

둘째, 신탁 제도다. 저작물을 지속적으로 잘 관리하고 더 많은 부가가치를 생산할 수 있도록 대리인에게 위탁하거나 전문 기관에 신탁하는 것이다. 수년 전 불행하게 생을 마감해 충격을 안겨 주었던 미국의 영화배우 로빈 윌리엄스(Robin Williams)는 저작 재산권, 저작인접권, 퍼블리시티권 등을 신탁하는 방식으로 상속 문제를 정리했다.

셋째는 재단을 만들어 관리하는 방식이다. '뿌리기 기법'(drip painting)으로 유명한 미국의 추상표현주의 화가 잭슨 폴록(Jackson Pollock)은 '폴록-크라스너 재단'을 만들었고, 팝아트 작가 앤디 워홀(Andy Warhol)은 '앤디 워홀 재단'을 만들었다. 이들은 재단을 통해 저작권 관리, 퍼블리시티권, 작품 관리, 진위 여부 판단, 명예 관리 등 포괄적인 관리를 하고 있다.

우리나라의 경우 현재 옥션에서 가장 인기 있는 수화 김환기 선생의 '환기재단'이 대표적이다. 그래서 예술가나 작가, 발명가 등 지식 재산을 가지고 있는 경우 재산의 특성에 맞는 '맞춤형' 상속 설계가 필요하다.

〈울고 넘는 박달재〉, 〈소양강 처녀〉 등으로 유명한 작사가 고 반야월 선생은 5천여 곡에 대한 가사 저작권을 유산으로 남겼다. 권리는 70년간 보장된다. 선생의 사후 자녀들 사이에 저작권을 포함한 유산을 둘러싸고 법정 다툼이 있었는데, 이때 법원은 저작권적 가치를 연간 1억 원으로 추산했다.

지식 재산과 관련된 상속세 사건도 있다. 2010년 세상을 떠난 디자이너 앙드레김 사건이 대표적이다. 과세 관청은 '앙드레김' 상표권이 사전 증여됐다고 보고, 세금을 더 낼 것을 요구했다. 상속인은 상표권을 포함시킨 영업권 일체를 회사에 매각한 것이기 때문에 별도의 세금을 낼 필요가 없다고 다퉜다. 그러나 사실심은 "앙드레김 상표권은 영업권과 별개의 독립된 재산권으로 평가해야 한다."라고 했다.

대법원도 같은 입장을 취해 '상표권도 상속세 부과 대상'이라는 점은 인정했다. 다만 "상표권과 영업권을 구분하지 않았다는 이유만으로 가산세를 부과할 수는 없으며 사건의 경우 평가 방법의 차이로 인해 상속세를 과소 신고한 경우에 해당한다."라고 최종 결론 내렸다.

저작권 상속의 경우 특별히 검토해야 할 몇 가지가 있다. 여러 사람의 공동 저작물인지 여부다. 또는 업무상 저작물인지도 충분히 검토해야 한다. 상속받았다고 해서 저작권을 둘러싼 기존 계약이 사라지는 것은 아니다. 저작권을 두고 사전에 제3자와 조건부 양도 계약 또는 독점적 이용 허락(라이센스) 계약을 맺었는지 여부에 따라 권리 행사가 제한되는 경우가 많다. 이 때문에 관련 계약서를 충분히 검토할 필요가 있는 것이다.

그래서 계약 내용을 잘 아는 당사자가 살아생전에 사실관계를 잘 정리해야 한다. 계약 문건 등을 확인하고 보관 방법과 장소 등을 남겨야 한다. 상속재산의 특성에 맞는 '맞춤형' 솔루션을 설계해야 한다. 한국죽음학회의 슬로건은 이렇다.

"당하는 죽음에서 맞이하는 죽음으로"

"당하는 죽음에서 맞이하는 죽음으로"

3
03

유연함의 결정체,
신탁 제도

"못된 자식들은 상속을 받을 자격이 없고, 착하고 근면한 자식들은 상속
이 필요 없다."

중국 속담이다. 어떻게 상속을 설계할지, 과연 자식을 믿을 수 있을
지, 상속받자마자 모두 날려 버리지는 않을지, 한결같은 노파심이 부
모의 마음이다.

상속하는 방식은 여러 가지가 있을 수 있다. 첫째, 그저 자식들을 믿
고 돈과 부동산을 그냥 넘겨주는 방식이다. 둘째, 소유나 관리나 운용
을 금융기관이나 부동산 회사에 맡겨 두는 방식이다. 셋째, 둘을 절충
하는 방식이다.

미국 상속 설계 전문 로펌들의 핵심 업무 중 하나가 두 번째 방식, 바로 신탁 업무다. 이를 세분화하면 신탁 관리, 생전 신탁과 유언 신탁, 신탁의 변경·취소, 특수 목적 신탁, 신탁 관련 송무, 애완동물 신탁 (Pet trust) 등이다.

중국 속담처럼 도저히 믿음이 가지 않는 자식에게는 어떤 상속 방법이나 신탁 방법이 유효할까? 미국에는 낭비벽이 있거나 채권자들에게 재산을 몽땅 빼앗길 위험성이 있는 자녀들을 위한 '낭비자 신탁'(Spendthrift trust) 제도가 있다. 위탁자인 부모는 수익자인 자녀가 신탁으로부터 얻게 될 이익을 마음대로 양도하지 못하게 하거나, 수익자의 채권자가 신탁재산에 접근하는 것을 막는 등 다양한 방식으로 자녀를 보호하는 신탁계약을 체결할 수 있다.

우리에게 익숙하지 않지만, '생전 신탁'(Living trust)이라는 신탁 또한 널리 활용된다. 이는 상속·증여세를 아끼는 고전적인 방법으로 알려져 있다. 신탁계약을 통해 생전은 물론 사후의 재산 관리와 운용까지 신탁회사에 맡겨 둔다. 유족이 미성년자인 경우 교육비 지원 등을 정해 놓을 수 있으며 일정한 연령대까지 금융기관에서 관리하다가 되돌려 주는 방식의 계약도 얼마든지 가능하다.

얼마 전 요즘 논란이 되는 항공 회사의 집안 관계자가 조세 피난처에 페이퍼 컴퍼니를 만들었다. 그런 다음 하와이 호놀룰루 카피올라니에 195만 달러짜리 콘도를 샀다. 이들은 부부 공동 명의의 콘도를 'C.K.조'라는 신탁회사로 넘겼다. 무슨 일이 생기면 콘도 관련 부동산에 대한 권리를 장남에게 귀속시키도록 했다. 생전 신탁을 활용해 상속세를 피하려고 했던 대표적인 사례라 할 수 있다.

팝의 황제 마이클 잭슨(Michael Jackson)도 신탁계약을 미리 준비했는데, 사후에 자신의 유산이 어떻게 운용될지를 상세히 정해 놓았다. 마이클 잭슨의 사후 신탁이 정한대로 유산의 20%는 자선 재단에, 장례 관련 비용을 제외한 나머지 재산은 아내와 세 자녀에게 상속됐다. 대신 신탁 내용에 따라 자녀들이 유산을 한꺼번에 받을 수는 없었다. 스무 살을 넘고도 한참 뒤인 서른이 돼서야 일부 상속을 받을 수 있었고, 신탁 계약상 상속이 완결되는 시점은 자녀들이 40세가 되는 생일날이었다. 왜 그랬을까. 팝의 황제도 한 사람의 아버지였기 때문이다. 자식을 걱정해서였을 것이다. 그래서 황제는 생전에 그런 방식으로 자녀들을 보호하는 신탁계약을 체결해 두었던 것이다.

우리나라에도 〈신탁법〉이라는 법이 있다. 신탁법상 신탁의 개념을 설명하자면 위탁하는 사람(부모)이 위탁을 받는 사람(금융기관 등)에게 부동산이나 금전 등을 넘긴다. 수탁자는 재산의 관리, 처분, 운용, 개발 등 신탁 목적의 달성을 위한 행위를 하게 된다. 그 이득은 위탁자가 정해 준 사람(자녀)에게 귀속된다. 원래 유언 신탁 제도는 있었고, 2012년 〈신탁법〉이 개정되면서 유언 대용 신탁(제59조) 제도가 신설됐다. 상속 설계의 중요한 수단으로 활용될 수 있는 길이 열릴 것이다. 하지만 아직도 다른 나라의 신탁 제도나 시장에 비교하면 갈 길이 멀다.

그래서 부동산 신탁회사나 금융기관들은 자유로운 신탁 시장을 원한다. 이를테면, 우리나라 신탁 시장의 규모는 2013년 기준 154조 원에서 2016년에는 무려 710조 원까지 늘어났다. 그런데 이를 GDP 대비 신탁 시장의 규모로 평가해 보면 아직 멀었다. 한국은 42.7%, 미국은 590%, 일본은 171%에 달하기 때문이다.

3
04

소유권은 아들이,
수익권은 부모가

살아생전에 자녀 등에게 재산을 물려주는 제도가 '증여'다. 죽음을 '원인'으로 자녀 등에게 재산이 넘어가는 제도는 '상속'이다. 상속은 크게 둘로 나뉜다. 하나는 '유언상속', 둘은 '법정상속'. 당연히 유언상속이 우선이다. 유언이 없을 때만 법이 정한 상속 제도인 법정상속을 따르게 된다.

앞서 설명한 신탁 제도가 있다. 상속과 신탁은 어떻게 구분될까. 나아가 상속 대신 신탁을 선택하면 어떤 장점이 있을까. 김종원 교수가 좋은 예를 설계했다.*

---

* 김종원, "민사신탁을 이용한 증여·상속(사업승계) 구조화 방법에 관한 연구," 『민사법학』 제67호, 2014.

시가 10억5천만 원짜리 상가가 있다. 월세 수입이 5백만 원이다. 소유권은 아버지가 갖고 있다. 어머니와 두 자녀가 있다. 아들, 딸이라고 하자. 먼저 아들에게 증여했다고 하자. 현 세제상으로는 취득세 및 증여세 약 2억8천만 원 정도를 부담하게 된다. 소유권은 아버지에게서 아들로 넘어간다. 이제 상가는 아들의 것이다. 아들은 소유권이 자신에게 있으므로 마음껏 사용, 수익, 처분할 수 있다. 팔아 치울 수도 있고, 저당 잡을 수도 있다.

아들이 약속과는 달리 불효를 하고 제멋대로 행동하고, 부동산이 위험에 노출될 경우 아버지는 어떻게 해야 할까. 아들과 상의해서 다시 상가를 되찾거나, 아들을 상대로 소송을 하는 수밖에 없다. 물론 쉽지 않은 절차다.

다음으로, 아버지가 돌아가셔서 상속이 개시되었다고 하자. 어머니가 1.5, 아들이 1, 딸이 1 지분을 갖게 된다. 이 지분대로 나눠 갖는다. 상가 지분도 나눠 갖고, 그 지분 비율에 따라 월세 5백만 원도 나누게 될 것이다.

아버지가 돌아가시고 난 뒤, 어머니와 아들 그리고 딸 사이에 불화가 있다고 하자. 간단치 않은 문제가 생길 것이다. 이번에는 신탁 제도를 활용해 보자. 아버지가 위탁자가 된다. 아들에게 부동산을 위탁한다. 아들은 수탁자가 된다. 등기는 아들 명의로 넘어간다. 대신 등기부 등본에는 신탁 사실이 기재되고 공고된다.

그럼 임대료 수입은? 수익자를 아버지로 지정하면 된다. 아들이 관리하되 임대료 수입은 아버지가 갖는 것이다. 아버지가 돌아가시면 어머니를 미리 수익자로 지정해 두어 임대료 수입을 어머니가 갖도록 할 수도 있다. 신탁법이 마련한 '유언 대용 신탁'이 바로 그렇다. (유언 대용 신탁이라는 용어에 대해 학자들은 불만이 많다. 일본 학계에서 사용되던 용어인데, 실상 일본 신탁법은 이 용어를 채택하지 않았다. 그런데 엉뚱하게 우리나라가 가져다가 '유언 대용 신탁'이라는 단어를 법에다 못 박았다.)

어머니가 돌아가시면 어떻게 될까. 이건 계약에서 정하기 나름이다. 상속은 나중에 아들이나 딸들이 어떻게 행동할지 예상할 수 없다. 그리고 유언으로 신탁을 정해 놓았다 하더라도 그 신탁을 지킬지 말지 담보받을 수 없다. 자녀들에 대한 일말의 불안 혹은 불만이 있다면 미리 이런 법적 장치를 안정화시킬 필요가 있을 것이다. 사후에 효력이 발생하는 (유언 대용 신탁 말고) 유언신탁이나, 유언상속 혹은 유증에 기대기보다는 생전에 효력을 발휘하는 신탁계약이 더 확실할 수 있다.

신탁은 몇 가지 장점이 더 있다.* 치매 등 나이가 들어 발생할 수 있는 재산 관련 의사 결정에 대한 위험을 미리 회피할 수 있다. 고령자가 생존하는 동안 자산을 안전하게 유지, 관리, 수익하고 사망 시에는 신탁계약상 정해진 바에 따라 재산을 승계하면 유산을 둘러싼 분쟁을 감소시킬 수 있다.

의사 결정에 장애가 있는 자녀나 행위무능력자 혹은 자력으로 재산

---

* 이근영, "신탁법상 재산승계제도와 상속," 『법학논총』 제32-3호, 2012.

을 관리할 수 없는 자녀를 위한 사전 상속 설계의 의미도 강하다. 상속 제도보다 위탁자의 의사가 훨씬 존중되고 내용상 유연성을 갖는다는 것도 장점으로 꼽는다. 유언 집행 과정에서 있을 수 있는 예상치 못한 위험을 회피할 수 있다. 이런 내용들은 특히 부동산 신탁과 관련하여 더더욱 중요성을 갖는다.

3
05

내 반려견 트러블에게
1천2백만 달러를 남긴다

미국 뉴욕 센트럴파크 남쪽 플라자호텔 근처의 헴슬리 호텔에 묵은 적이 있다. 제법 오래된 호텔이라 내부는 낡았지만, 공원 쪽 전망은 참 아름다웠다. 도널드 트럼프 미 대통령과 유사하게, 미국의 '부동산 여왕'으로 불렸던 헴슬리 호텔 소유주 레오나 헴슬리(Leona Helmsley)가 있다.

2007년 9월, 세상을 떠난 그는 자신의 반려견인 말티즈종 '트러블'에게 1천2백만 달러를, 남동생과 손자 2명에게는 각각 1천만 달러씩을 유산으로 남겼다. 요즘 말로 이야기하자면 '사람보다 개가 먼저'였다. 나중에 또 다른 손자가 나타나 상속 분쟁이 벌어지는 바람에 최종적으로 트러블이 받은 유산은 17억여 원.

1992년 카롤레타 리벤슈타인(Carlotta Liebenstein) 백작 부인은 셰퍼드 종 '군터 3세'에게 6천만 달러의 유산을 물려준 적도 있다. 개 팔자가 사람 팔자보다 나은 셈이다. 미국 변호사협회의 자료에 따르면 미국 내 반려 동물 소유주의 4분의 1 정도가 동물들에게 유산을 남기는 것으로 추산된다.

'내가 죽고 나면 누가 반려 동물을 돌봐 줄 것인가.' 그렇다면 반려 동물을 위해 유산을 상속하는 것은 가능한가. 반려 동물에게 어떤 방식으로 유산을 물려줄 수 있을까. 유산을 받은 반려 동물은 스스로 관리할 능력이 없을 텐데, 어떻게 해야 할까. 반려 동물에게 직접 유산을 남겨야 할까, 아니면 믿을 만한 사람에게 반려 동물을 잘 돌봐 달라는 조건으로 유산을 남겨야 할까. 결국은 법적인 문제다. 그래서 상속 설계의 테마가 된다.

전제는 상속능력이다. 상속능력은 상속인이 될 수 있는 능력, 즉 자격이다. 상속능력은 자연인만 가능하다. 법적으로 자연인이란 우리 같은 사람을 말한다. 예컨대 법인, 동물, 식물은 인격이 없기 때문에 상속능력이 인정되지 않는다. 따라서 반려 동물은 자기 명의로 유산을 상속받을 수 없다.

그렇다면 해법은 크게 두 가지가 있다.

첫째, 애완동물을 돌봐 주는 조건으로 가족 이외의 제3자에게 유산을 남기는 방법이 있다. 일정 범위 내에서 유산을 남기고 유언장을 그렇게 써두면 된다. 다만, 내가 떠난 다음에 어떻게 진정성을 담보할 것인지가 걱정스러울 것이다. 조건을 명확히 해두어야 한다. 관리 방법, 유산 사용 방법 등 구체적인 조건을 상세히 적어 동의를 구해 둘 필요가 있다. 물론 가족에게 반려 동물을 맡기고 떠날 수 있다면 가장 평화로울 것이다. 하지만 가족이 없을 경우에는 이 방법이 유용하다.

둘째, 미국은 거의 모든 주에서 애완동물 상속 신탁이 허용된다. 신탁법의 하나로 법제화되어 있다. 생전에는 재산을, 사후에는 유산을 신탁회사에 신탁하고 수익자로 반려 동물을 관리해 줄 사람을 지정한다. 수익자는 그 돈을 받아서 반려 동물을 관리하게 된다. 신탁 계약의 하나로 인정되는 것이다.

참고로 KB국민은행은 얼마 전부터 'KB(Pet)신탁'을 판매 중이다. 고객(위탁자)은 은행에 자산을 맡긴다. 그리고 본인 사후에 반려 동물을 돌봐 줄 부양자(수익자)를 미리 지정한다. 은행(수탁자)은 고객이 사망한 후 반려 동물의 보호·관리에 필요한 자금을 반려 동물 부양자에게 '일시'에 지급한다. 금융 신탁의 하나다.

상속 설계와 직접 관련 있는 사례는 아니지만, 반려 동물의 권리와 관련해서 기억해 둘 판례가 있다. 동물사랑실천협회가 반려견들을 위탁받아 키우던 중 유기견으로 오인해 안락사를 시키고 말았다. 위탁자는 '자신'이 입은 정신적 고통에 대한 위자료와 함께 '반려견들'이 입었을 별도의 위자료(마리당 2백만 원)를 청구하는 소송을 제기했다. 워낙 희귀한 사건이라 대법원까지 올라갔다.

대법원은 "민법이나 그 밖의 법률에 동물에 대해 권리능력을 인정하는 규정이 없고 이를 인정하는 관습법도 존재하지 않으므로" 위탁자의 위자료는 인정되지만, 반려견 자체의 위자료는 인정할 수 없다고 최종 결론을 내렸다. 상속능력은 물론 권리능력이 인정되지 않기 때문에 현행 법제하에서는 당연한 결론이라 할 수 있다.

"못된 자식들은 상속을 받을 자격이 없고,
착하고 근면한 자식들은 상속이 필요 없다."

3
06

시인 조지훈 선생의
삼불차(三不借)

한때 어느 재벌 기업까지 욕심냈던 정육점이 있다. 1940년에 창업해 3대째 대를 잇고 있는 종로구 팔판길 19 '팔판정육점'이다. 철저한 비즈니스 마인드를 가졌던 창업자는 아들에게 가게를 거저 물려주지 않았다.

"아버지한테 가게를 사기로 한 게 1974년 7월 4일이에요. 저장된 고기값은 다 드리고, 가게 시세는 절반으로 쳐서 샀어요."

모두 처가에서 빌린 돈이었다. 그 빚을 갚아야 했다.

"7월에 가게 인수하고 하루도 네 시간 넘게 자 본 적이 없어요. 일주일에 서너 번은 한 시간 반밖에 못 잡니다. 고기는 트럭으로 밤에 들어와요. 그때부터 일하는 거죠."

창업자의 손자가 가업에 합류한 건 2011년. 그는 미국에서 MBA를 하고 경제학을 부전공한 엘리트였다. 그를 가게로 불러들인 건 정육점의 현 주인이자 아버지였다. 현재 팔판정육점의 주요 거래처는 열두 곳 정도. 그중에서 우래옥과 하동관은 개업 이후부터 70년 고객이다.[*]

그렇다면 이 집은 무엇을 잇고 있을까.

"장사는 눈앞의 이익을 보면 안 돼요. 크게 보는 거예요."

명문가는 그저 문벌이나 재벌이나 정치하는 집안만을 의미하는 것이 아니다. 늘 강조하지만 물려주고 물려받을 것은 재산만이 아니다. 때로는 무형 자산이 더 아름답다. 예를 들어 가문이나 가족의 가치와 철학, 삶에 대한 태도, 장인 정신, 비즈니스 마인드 등. 이런 가족적 가치, 사회적 가치들이야말로 시대의 흐름에도 불구하고 영원히 살아남을 수 있는 불변의 상속 자산이다. 손에 잡히는 가업의 승계도 중요하지만, 손에 잡히지 않는 가업 승계, 무형의 가산(家産) 승계야말로 본래적 의미의 상속에 더 가깝다.

옛글도 알고 있었다. 다음은 『석시현문』(昔時賢文)의 한 대목이다.

"재산을 쌓아 자손에게 남겨 준다고 해도 자손이 이를 다 지켜 낼 수 있는 것이 아니요, 책을 쌓아 이를 자손에게 넘겨준다고 해도 자손이 이를 꼭

---

[*] 박찬일, 『노포의 장사법 : 그들은 어떻게 세월을 이기고 살아 있는 전설이 되었나』(인플루엔셜(주), 2018).

읽어 내는 것도 아니다"(積産遺子孫, 子孫未必守; 積書遺子孫, 子孫未必讀).

상속을 다른 방식으로 표현하자면 가문의 역사를 만들어 가는 일이자, 명문가를 형성해 가는 한 집안의 역사다. 그래서 상속 설계의 대상에는 보학(譜學)이 포함된다. 즉 족보다. 그런데 요즘 젊은이들이 어떻게 족보를 읽을 수 있겠는가. 수십 권의 족보를 정리해서 가족의 역사로 만들 필요가 있다. 간략화하는 것이다. 한글세대에 맞게 한글화할 필요도 있다. 그렇게 해서 가족의 역사, 가문의 역사를 정리해서 남기는 일이다. 모델이 될 만한 명문가의 이야기가 있다.

청록파로 유명한 경북 영양 조지훈 선생의 생가에는 370년 동안 내려온 가훈이 있다. 바로 '삼불차'(三不借)다. 삼불차란 "세 가지를 불차한다. 즉 빌리지 않는다는 뜻이다. 첫째는 재불차(財不借)로 재물을 다른 사람에게서 빌리지 않고, 둘째는 인불차(人不借)로 사람을 빌리지 않고(양자를 들이지 않는다는 의미), 셋째는 문불차(文不借)로 문장을 빌리지 않는다는 말이다."*

그래서 조지훈 선생의 꼿꼿함이 있었을까. 이런 가훈, 이런 가문의 정신이 일관되게 전승되고 있다면 이런 집안이야말로 명문 가문이고, 상속이 제대로 이뤄졌다고 감히 말할 수 있을 것이다.

언젠가 여의도에서 일할 때, 서예인들을 모시고 동료 의원들에게

---

* 조용헌, 『5백 년 내력의 명문가 이야기』(푸른역사, 2002).

가훈을 써주는 행사를 진행한 적이 있다. 가훈은 있되 문장으로 정리하지 못한 의원도 있었고, 문장은 있되 작품으로 만들어 두지 않은 의원도 있었다. 무엇보다 놀랐던 건 가훈 자체가 아예 없어서 비로소 서예계 원로들과의 대화를 통해 가훈을 정리하는 분들이 있었다. 집안의 훈육은 존재하되 이를 압축해서 정리해 볼 여유를 미처 갖지 못했던 것이다.

상속 설계는 바로 이 지점에서 출발한다. 가훈을 정리하자. 가족사를 정리하자. 족보를 정리하자. 어떤 정신을 계승시킬 것인가를 정리하자.

그렇게 해서 명문가의 역사를 만들어 나가자.

3
07

'국순당 배상면 회장'을 통해
살펴보는 가업 승계

자연인과 법인은 별개다. 하지만 자연인과 법인이 사실상 일체화된 경우도 있다. '가업'(家業, family business)이다. 가업은 가족과 철학, 소유와 경영과 경험의 융복합이다. 그래서 어느 한 부분이 어긋나는 순간 전체가 무너진다. 가업에 대한 상속법제가 특별할 수밖에 없는 이유다.

가업 승계에 성공한 대표적 사례가 국순당 창업자 배상면 회장이다. 상속을 고민하던 배 회장은 어느 날 자신이 가진 게 무엇인지, 남길 게 무엇인지 사색에 잠겼다. 자신이 일군 회사, 자신만의 술 제조법, 그리고 자신의 이름과 명예 세 가지로 정리했다.

현상을 정리하고 나니 상속 설계가 단순해졌다. 장남에게는 모회사

격인 국순당을 상속했다. 둘째 딸에게는 막걸리 제조 비법을 남겼다. 막내아들에게는 자신의 이름 '배상면'이라는 브랜드를 넘겼다. 세 자녀는 각기 물려받은 유산을 바탕으로 가업을 승계했다.[*]

선진국, 특히 기업가의 전통이 오래된 독일 등 유럽권에서 가업 승계는 보편적이다. 승계를 통해 장수 기업으로 살아남는 사례가 많다. 독일의 빈프리트 베버(Winfried Weber) 교수는 4천4백여 개의 가업 승계 기업이 독일 경제의 중추적인 역할을 하고 있다는 점을 증명했다. 독일에서 2014년부터 2018년까지 가업 승계를 완료했거나 예정하고 있는 기업의 수가 무려 83만5천 개(전체 기업의 22.33%)로 추정된다.[**]

다만, 여기서 한 가지 짚고 넘어가야 할 대목이 있다. 기업가의 자녀는 기업가의 디엔에이를 타고나는 것일까? 정치가의 아들은 정치가의 자질을, 대선수 차범근의 아들은 아버지 수준의 축구 실력을, 그래서 기업가의 자녀는 부모 수준의 경영 능력을 복사하듯 가지고 태어나는 것일까? 이런 논리가 가업 승계를 정당화하곤 한다. 그러므로 자칫 재산과 신분의 세습으로 이어질 수 있는 위험성, 그리하여 중세 신분 사회로 회귀할 위험성에 대해 염려해야 하는 것은 당연하다.

언젠가 워런 버핏(Warren Buffett)이 빌 게이츠(Bill Gates)와 나눈 대담에서 이렇게 말했다. "1960년 올림픽 1백 미터 금메달리스트의 아들이 1980년 올림픽 1백 미터에서 아버지처럼 올림픽 금메달을 딸 수 있을

[*] 도경재, "가업승계·장수 기업의 모범적 사례," 『월간CEO&』(2017년 6월).
[**] 조김경아, "중견기업의 가업승계 유형 및 사례 연구," 중견기업연구원 용역보고서, 2016.

까요? 나는 그래서 상속을 하지 않을 겁니다."

가업 승계의 독일식 성공 모델로 명품 가전업체 밀레가 있다. 밀레는 두 가문이 51대 49를 소유한 1백 퍼센트 가족 소유 기업이다. 몇 대째 가업 승계 제도를 통해 상속과 경영이 계속됐다. 하지만 밀레에서는 장손 혹은 후손이라고 누구나 경영자가 될 수 있는 것은 아니다. 까다로운 조건들이 붙는다. 우선 학점 제한이 있다. 외국어 능력도 중요하고, 다른 회사 근무 경력이 필요하다. 또 외부 심사 위원들의 1차 평가를 통과해야 한다. 최종적으로 두 가문으로 구성된 60명의 심사 위원단의 배심 절차는 거의 등용문 수준이다. 상속이나 승계 절차도 중요하지만, 가업을 받아들이는 역량 또한 가업 승계의 간과할 수 없는 핵심이다.

다른 나라가 그렇듯이 우리도 상속 공제 제도의 한 형태로 '가업 승계 제도'를 운영 중이다. 먼저, 상속 공제 제도는 피상속인이 사망한 후에도 상속인과 그 가족의 안정적인 생활을 지원하기 위해 상속인의 인적 상황과 상속재산의 물적 상황을 고려하여 일정 금액을 제공해 주는 것을 말한다.

'가업 상속 공제'란 중소기업 등의 원활한 가업 승계를 지원하기 위해 거주자(국내에 주소를 두거나 183일 이상 거소를 둔 사람)인 피상속인이 생전에 10년 이상 영위한 중소기업 등을 상속인에게 정상적으로 승계한 경우에 최대 5백억 원까지 상속 공제를 적용해 가업 승계에 따른 상속세 부담을 크게 경감시켜 주는 제도다(〈상속세 및 증여세법〉 제

18조 제2항).

최근 중소기업중앙회가 중소기업 5백 개를 대상으로 실시한 "2017 중소기업 가업 승계 실태 조사"에 따르면 중소기업 10곳 중 7곳이 가업 승계를 할 계획이 있다고 응답했다.

가업 승계는 상속 설계의 부분이다. 가업의 장수를 기대한다면 승계 절차 또한 간간해야 한다.

가업 상속 공제 제도 [*]

1. 피상속인이 10년 이상 계속하여 경영한 중소·중견 기업으로 가업 상속 공제 요건을 충족하는 경우 최대 500억까지 상속세가 과세되지 않는다.

2. 관련 규정

〈상속세 및 증여세법〉 제18조 제2항 1호

가업[대통령령으로 정하는 중소기업 또는 대통령령으로 정하는 중견 기업(상속이 개시되는 소득세 과세기간 또는 법인세 사업연도의 직전 3개 소득세 과세기간 또는 법인세 사업연도의 매출액의 평균 금액이 3천억 원 이상인 기업은 제외한다.)으로서 피상속인이 10년 이상 계속하여 경영한 기업을 말한다.]의 상속(이하 '가업 상속'이라 한다) : 다음 각 목의 구분에 따른 금액을 한도로 하는 가업 상속 재산 가액에 상당하는 금액

가. 피상속인이 10년 이상 20년 미만 계속하여 경영한 경우 : 200억 원

나. 피상속인이 20년 이상 30년 미만 계속하여 경영한 경우 : 300억 원

다. 피상속인이 30년 이상 계속하여 경영한 경우 : 500억 원

---

[*] 국세청, 『2018 국세청 세금절약가이드 II』

3. 가업 상속 공제 요건

1) 피상속인이 갖추어야 하는 요건

· 중소기업 또는 중견 기업의 최대 주주 등인 경우로서 피상속인과 그의 특수 관계인의 주식 등을 합하여 해당 기업의 발행주식 총수 등의 100분의 50[〈자본시장과 금융 투자업에 관한 법률〉 제8조의2 제2항에 따른 거래소(이하 '거래소'라 한다)에 상장되어 있는 법인이면 100분의 30] 이상을 10년 이상 계속하여 보유할 것.

· 가업의 영위 기간 중 다음의 어느 하나에 해당하는 기간을 대표이사(개인 사업자인 경우 대표자)로 재직할 것.
　① 100분의 50 이상의 기간
　② 10년 이상의 기간(상속인이 피상속인의 대표이사 등의 직을 승계하여 승계한 날부터
　　 상속 개시일까지 계속 재직한 경우로 한정)
　③ 상속 개시일부터 소급하여 10년 중 5년 이상의 기간

2) 상속인이 갖추어야 하는 요건(상속인의 배우자가 다음 요건을 모두 갖춘 경우에는
　 상속인이 그 요건을 갖춘 것으로 본다.)

· 상속 개시일 현재 18세 이상일 것.
· 상속 개시일 전에 2년 이상 직접 가업에 종사할 것(다만, 피상속인이 65세 이전에 사망하거나 천재지변 및 인재 등 부득이한 사유로 사망한 경우에는 그러하지 아니한다.)
· 상속세 과세표준 신고 기한까지 임원으로 취임하고, 상속세 신고 기한부터 2년 이내에 대표이사 등으로 취임할 것.

라. 가업 상속 공제 주의점(〈상속세 및 증여세법〉 제18조 제6항 제1호)

가업 상속 공제를 받은 상속인이 상속 개시일부터 10년 이내에 대통령령으로 정하는 정당한 사유 없이 다음 각 호의 어느 하나에 해당하게 되면 공제받은 금액에 해당일까지의 기간을 고려하여 대통령령으로 정하는 율을 곱하여 계산한 금액을 상속 개시 당시의 상속세 과세 가액에 산입하여 상속세를 부과한다. 이 경우 대통령령으로 정하는 바에 따라 계산한 이자 상당액을 그 부과하는 상속세에 가산한다.

- 해당 가업용 자산의 100분의 20(상속 개시일부터 5년 이내에는 100분의 10) 이상을 처분한 경우
- 해당 상속인이 가업에 종사하지 아니하게 된 경우
- 주식 등을 상속받은 상속인의 지분이 감소한 경우. 다만, 상속인이 상속받은 주식 등을 제73조에 따라 물납(物納)하여 지분이 감소한 경우는 제외하되, 이 경우에도 상속인은 제22조 제2항에 따른 최대 주주나 최대 출자자에 해당하여야 한다.
- 각 소득세 과세기간 또는 법인세 사업연도의 정규직 근로자(〈통계법〉 제17조에 따라 통계청장이 지정하여 고시하는 경제활동 인구조사의 정규직 근로자를 말한다. 이하 같다) 수의 평균이 상속이 개시된 소득세 과세기간 또는 법인세 사업연도의 직전 2개 소득세 과세기간 또는 법인세 사업연도의 정규직 근로자 수의 평균(이하 이 조에서 '기준 고용 인원'이라 한다)의 100분의 80에 미달하는 경우
- 상속이 개시된 소득세 과세 기간 말 또는 법인세 사업연도 말부터 10년간 정규직 근로자 수의 전체 평균이 기준 고용 인원의 100분의 100(제2항제1호에 따른 중견 기업의 경우에는 100분의 120)에 미달하는 경우

• 가업 상속 재산 유무에 따른 상속세 납부 세액 비교

(20년 이상 경영한 중소기업으로 기업 상속 재산만 600억 원이며, 상속인은 자녀 1명이고 가업 상속 공제와 일괄 공제만 있는 경우)

가업 상속 공제 적용 대상이 아닌 경우	구분	가업 상속 공제 적용 대상인 경우
600억 원	상속 재산 가액	600억 원
없음	가업 상속 공제액	(500억 원)
(5억 원)	일괄 공제	(5억 원)
595억 원	상속세 과세표준	95억
50% (누진공제 4.6억 원)	세율	50%(누진공제 4.6억 원)
292.9억 원	산출 세액	42.9억 원
(29.29억 원)	신고 세액 공제	(4.29억 원)
263.61억 원	자진 납부 세액	38.61억 원

※ 가업 상속 공제 적용 시 255억 원의 상속세를 적게 부담

3
08

당신에게는
잊힐 권리가 있다

'디지털' 장례 지도사 혹은 '디지털' 장의사가 있다. 또 '디지털' 장례식도 있다. 세상을 떠난 사람들의 흔적은 인터넷이나 온라인 등 가상의 세계에도 남아 있다. 디지털 장례식은 바로 이런 세상에 대한 작별 의식이다.

미국의 대표적인 온라인 상조 회사로 라이프인슈어드닷컴(life ensured.com)이 있다. 회원 가입비는 3백 달러(약 34만 원). 회원이 세상을 떠나면 인터넷 정보를 어떻게 처리할지에 대한 유언을 확인한다. 그런 다음, 고인의 흔적을 지우는 의식에 착수한다.

인스타그램이나 페이스북 등 사회 관계망 서비스(SNS)에서 고인의 글이나 사진을 삭제하는 것은 물론 고인과 관련된 다른 사람의 댓글 등을 찾아내 삭제한다. 서비스 비용은 삭제 범위에 따라 다르겠지만 통상 우리 돈 50만 원에서 2백만 원 정도다.

그렇다면 휴대전화나 노트북, 개인용 컴퓨터에 들어 있는 각종 기록들은 어떻게 해야 할까? 예를 들어 휴대전화에 저장돼 있는 고인의 셀카 사진은 어떻게 해야 할까? 이 또한 고인의 유언이 우선이다. 유언대로 처리하되, 마땅한 유언이 없는 경우 유족의 의사에 따른다. 삭제할 건 삭제하고, 남기고 싶은 기록은 백업파일로 정리해서 유족들에게 전달하는 것으로 디지털 장례식은 끝난다.

삶의 공간이 현실에서 가상으로 상당 부분 이동하고, 종래의 형태가 있거나 만질 수 있는 삶의 기록에서 온라인이나 디지털상의 만질 수 없는 디지털 기록으로 이전함에 따라 죽음을 둘러싼 권리의 종류나 내용 또한 변화할 수밖에 없었다. 이것이 이른바 '잊힐 권리'(right to be forgotten)다.

2010년, 스페인에서 변호사로 일하고 있던 마리오 코스테하 곤잘레스(Mario Costeja Gonzalez)는 10여 년 전 한 매체에 실린 자신에 관한 기사와 기사에 접속할 수 있는 구글의 검색 링크가 사생활을 침해한다며 소송을 제기했다. 기사 내용은 곤잘레스의 채무와 경매 등에 관한 것이었다. 사실 10여 년 전에는 그것이 사실이었다. 그런데 소송을 제기할 때에는 이미 채무 문제를 말끔히 정리한 상황이었다.

그런데도 여전히 과거 기사에는 불량 채무자로 남아 있었던 것이다. 스페인 개인정보보호원(AEPD)은 구글 측에 해당 링크를 즉각 삭제하라고 명령했다. 이에 구글이 불복했다. 결국, 사건은 유럽사법재판소(ECJ)로 넘어갔다. 2014년 5월, 유럽사법재판소는 잊힐 권리를 인정하는 역사적 판결을 선고했다. 곤잘레스의 손을 들어 준 것이다.

잊힐 권리가 권리로 인정된 이상 권리를 보장할 수 있는 여러 방법들을 찾아야 했다. 생전의 잊힐 권리를 보장해야 함은 물론 사후의 잊힐 권리 또한 당연히 보장받게 됐다. 하지만 여전히 표현의 자유나 알권리, 경험에 대한 공유가 역사적 진보의 토대였다는 점을 주장하며 반대하는 이들도 있다.

법률가들은 잊힐 권리의 범위와 내용을 정리했다. 그래서 디지털 장례의 범위와 방법에 대한 절차는 유언장의 핵심 내용으로 편입됐다. 디지털 장의사와 장례식은 세계적으로 보편적인 현상이다. 장례 절차는 일반 장례 절차와 별반 다르지 않다.

늘 강조하지만 사적 자치의 원칙에 따라 고인의 의사가 절대적이다. 고인의 의사란 바로 유언이다. 그래서 늘 유언이 먼저다. 유언을 바탕으로 상담이 시작되고, 법적으로 위임 절차가 진행된다. 유언장 혹은 유가족과의 상담 내용에 따라 검색을 시작해 삭제할 건 삭제하고 남길 건 남긴다. 이미 관련 검색 프로그램은 충분히 개발되어 있다. 다만, 생전 유언장 작성 문화가 보편화되지 않은 우리의 현실이 디지털 장례식을 힘들게 만드는 걸림돌이다.

우리나라의 경우, 방송통신위원회가 지난 2016년 4월 공표한 "인터넷 자기 게시물 접근 배제 요청권 가이드라인"이 근거다. 아직 독자적인 입법이나 법률로서의 근거는 마련되지 않은 실정이다.

"망각 없이 행복 없다."

기억의 중요성만큼이나 망각 또한 필요하다. 잊힐 것은 잊혀야 한다. 어디까지나 결정의 주체는 본인이다.

3
09

인문학적 상속,
자서전

"결코, 사람이 죽으면 그 누구로도 대신할 수 없습니다. 채워질 수 없는
구멍을 남기고 그들은 떠나고, 그것은 유전적이고 신경적인 운명이기에.
하나의 독특한 개인으로 살아남아 각자의 길을 걷고, 각자의 생을 살며,
각자의 죽음을 맞이하는 모든 이들의 운명이기에. 두렵지 않은 척할 수는
없습니다. 그럼에도 나를 지배하는 심정은 고마움에 가깝습니다."

"나는 사랑했고 사랑받았습니다. 많이 받았고 얼마간은 되돌려 주었습
니다. 읽었고 여행했고 생각했으며 글을 썼습니다. 세상과 관계를 맺어
나갔고, 작가와 독자와의 특별한 관계를 맺어 왔습니다. 무엇보다 이 아
름다운 행성에서 나는, 느끼는 존재이자 생각하는 동물로 살아왔으며 이

는, 그 자체로 크나큰 특권이자 모험이었습니다." •

'의학계의 계관시인'이라 불렸던 올리버 색스(Oliver Sacks)는 2015년 세상을 떠나기 몇 달 전 『뉴욕타임스』에 "나의 삶"(My own life)이라는 제목의 칼럼을 통해 자신의 삶을 정리했다. 그게 다가 아니었다. 죽음을 정확히 16일 앞두고서도 지독한 통증 속에서 "안식일"(Sabbath)이라는 마지막 칼럼을 보냈다.

"살면서 해야 할 일을 다했다고 느끼게 될 때, 마침내 명료한 의식 속에서 쉴 수 있게 된다."

같은 해, 색스는 이미 『온 더 무브』(On the move)*라는 수백 쪽짜리 자서전을 출간했다.

기원전 80~15년경을 살다간 로마의 건축가 비트루비우스(Vitruvius)는 "우리는 반드시 선조에게 감사해야 한다. 그들은 질투심에 빠져 침묵하는 대신에 모든 종류의 사상을 기록해서 후대에 남겼다"(『건축학』)라고 했다. 기록 문화가 곧 인류사요, 가족사다. 미국의 역사학자 로버트 단턴(Robert Darnton)이 규정했듯이 우리는 '문자 공화국'의 시민들이다. 문자 공화국 시민의 기본 자질은 '읽고, 쓰고, 말하기'다. 그리고 한 가지를 덧붙이자면 '듣기'다.

그래서 자녀들은 부모의 인생을 보고, 듣고, 읽어야 한다. 부모는 인

* 올리버 색스 지음, 이민아 옮김, 『온 더 무브』(알마, 2017).

생을 말하고, 써야 한다. 직접 글로 옮길 수도 있고, 대담의 형태여도 된다. 말로, 글로, 녹음으로, 영상으로. 형식은 상관없다. 후손들이 선대의 삶과 생각을 보고, 듣고, 읽을 수 있으면 된다. 재산도 중요하지만 선대의 생각, 사상, 경험, 철학 ……, 이런 것들이야말로 삶의 보다 본질적인 부분이 될 것이다.

그래서 상속 설계의 중요한 테마 중 하나가 '자서전'이나 '회고록' 등 기록 문화가 된다. 어떤 형식이건 사상과 철학을 남기면 그것으로 충분하다. 자서전이 꼭 상속의 의미만을 갖는 것은 아니다. 살아 계신 부모님들에게도 자아와 삶의 본질을 정리하고 재발견하는 긍정적 계기가 된다는 설명도 있다.

"그동안 잊고 있던 자기의 발견이다. 지금보다 건강한 나, 최선을 다해 살았던 나, 가족을 책임졌던 나, 사회적 역할을 다했던 나의 발견이다."*

후손을 남기는 것이 생물학적 차원의 디엔에이 상속이라면, 재산을 남기는 것은 세법이나 상속법 차원일 것이다. 하지만 좀 더 본질적으로 말과 글을 통해 부모의 경험과 지혜를 남기는 일은 우리 시대가 찬양하는 인문학적 차원의 상속이다. 자녀들은 이를 통해 부모의 삶을 반추하고, 무엇을 계승하고 발전시킬 것이며, 자신은 후손에게 무엇을 남길 것인지를 고민할 것이다. 그리고 이런 지혜와 경험들이 모여

* 임순철, 『고령사회에서 자서전의 사회적 기능과 역할』(한국기록연구소, 2017).

가족사를 구성하게 될 것이다.

자신의 삶을 글로 정리한다는 것은 사실 쉽지 않다. 아버님께서도 단편적인 기록은 남기셨지만, 자서전이나 회고록 수준의 글은 남기지 않으셨다. 돌아가신 지 몇 년 뒤, 잊히는 것이 두려워 『최삼현, 아버지를 기억하다』라는 책을 썼다. 일생을 기록하고, 부록으로 아버님의 학적부, 성적표, 상장 등 여러 자료와 필적들을 묶었다. 손자, 손녀들의 편지도 실었다.

대체 상속의 본질은 무엇일까. 잊히는 것에 대한 두려움일까. 아니면 나의 삶이 후손들에게 어떤 형식으로든 지속되길 바라는 그런 마음일까.

읽고, 쓰고, 말하기는 권리이자 의무다.

기억의 총합이 상속이다.

3
10

기억의 총합이
상속이다

독서광으로 널리 알려진 일본의 어느 교수는 고희를 넘기면서부터 책 정리에 들어갔다. 책장의 책을 하나하나 살피며 일주일 내로 읽을 책, 한 달 내로 읽을 책, 6개월 내로 읽을 책, 1년 내로 읽을 책 등으로 정리하고 나머지는 제자나 지인들에게 나누어주기 시작했다.

주말이면 인사동 갤러리나 골동품 가게를 순례한다. 지난해 우연히 들은 이야기가 있다. 어느 재벌 가문의 일원이 중국 보이차에 빠져들었다. 온도에 습도까지 조절하는 설비를 갖추고 보이차를 수집하고, 보이차를 즐기다 세상을 떠났다. 그런데 보이차의 이력이나 구입 경위에 대해 어떠한 자료도 정리돼 있지 않았을 뿐더러 남은 자녀들은 보이차에 전혀 관심이 없었다. 홍콩 경매에라도 낼 수 있었으면 좋으

런만 그럴 형편이 못됐다. 인사동 보이차 전문가들이 들어가 감정을 하고, 대충 헐값에 정리할 수밖에 없었다. 후손들이 보이차의 의미와 중요성에 대해 전혀 무관심했기에 정리 절차 또한 무미건조할 수밖에 없었다. 그렇게 애장했던 보이차의 향기는 사라지고 말았다.

돌아가신 아버지께서는 (술보다) 멋진 술병을 장식장에 모아 두는 게 즐거움이셨다. 동네 사람들이나 친척들이 "저 술 하나 꺼내 마셔 봅시다."라고 해도 결코 내놓지 않으시고 25도짜리 소주를 함께 나눠 마시곤 했다.

마을 건너편 산등성이에 아버지를 묻고 집으로 돌아와 아버지 방으로 들어갔다. 장식장에는 수십 병의 위스키, 코냑, 보드카, 바이주들로 가득 차 있었다. 슬픔을 나누기 위해 남아 있는 가까운 친척들에게 두세 병씩 꺼내 가도록 했다. 그러고 나서 남은 몇 병 중에 한 병을 골라 큰 컵으로 한잔 들이키고는 그대로 쓰러졌다.

대체 슬프지 않은 죽음이 어디 있으랴. 예고된 죽음 또한 어디 있으랴. 늘 그러하듯 죽음은 황망하게 우리를 찾아온다. 미처 준비할 새도 없이.

"수일간 비어 있던 터라 온기가 없는 반지하 집이었다. 그런데 유품 관리사는 들어서는 순간 무언가 밝고 따사로운 느낌을 받았다.

방의 주인은 폐지를 수집하시던 할머니였다. 할머니는 지병이 악화되어 병원을 찾았고, 입원해서 치료를 받다가 돌아가셨다.

유품 관리사는 복지관에서 연락을 받고 고인의 유품을 정리하기 위해 고인의 방을 찾았다. 가구가 다 나가고 가전제품을 옮길 때쯤이었다.

집주인 할머니와 또 다른 할머니가 오셨다. 또 다른 할머니는 고인의 친구로 세탁기를 가져가기 위해 오셨다.

고인은 자신의 죽음을 예상했던 것일까. 세탁기는 친구, 냉장고는 폐지 할아버지, 소형 가전이랑 겨울옷은 옆집 할머니, 이렇게 구체적으로 정해 일러 놓고 병원으로 걸음을 옮기셨다 한다.

할머니는 그렇게 내일을 준비했다. 연락 없는 자식들이며 풍족하지 못한 생활에 낙심하고 지나간 날들을 후회하는 대신 새벽같이 일어나 폐지를 줍고 저녁이면 성경을 필사하고 가끔 복지관에 나가 종이접기를 배우면서 오늘을 열심히 살고 미련 없는 내일을 준비했다.

유품 관리사는 속으로 읊조렸다.

'할머니, 할머니께서 준비해 놓으셨던 내일을 다른 분들께 전해 드리러 갑니다. 고맙습니다.'"*

사실 상속 설계의 시작은 정리다. 정리는 크게 둘이다. 재산 등 권리 관계에 대한 정리가 하나일 것이고, 다른 하나는 자신의 소장 물품에 대한 정리일 것이다. 차라리 재산 관계는 등기부 등본이나 각종 서류 그리고 금융 관련 증명서들을 통해 쉽게 정리할 수 있다. 하지만 자신

---

* 김새별,『떠난 후에 남겨진 것들』(청림출판, 2015)

이 애장하던 물건에 대한 정리는 간단치 않다.

우리는 늘 물려줄 것을 돈이나 금이나, 환전할 수 있는 물건 정도로 한정하는 경향이 있다. 하지만 손때 묻은 애장품, 가문의 역사가 숨어 있는 집안 대대로 계승되어 온 역사적 기념품, 피상속인과 상속인 간의 기쁨과 슬픔이 담겨 있는 사소한 물건들이야말로 맨 먼저 정리되고, 가장 나중에까지 전승될 수 있는 상속재산이다.

정리가 필요하다. 기록이 필요하다.

기억의 총합이 상속이다.

3
11

연명 치료를
하지 말아 주시게

죽음은 신의 영역일까, 아니면 자기 결정일 수 있을까.

평생 해녀 물질로 살아온 제주도 할머니가 서울 병원에서 호스피스 연명 치료를 받고 있었다. 가족들의 동의하에 세계적인 다큐멘터리 사진작가 성남훈 선생이 연명의 순간들을 카메라에 담고 있었다.

"바다에 가고 싶어. 바다가 그리워."

할머니는 고향에서 생을 마치고 싶어 했다. 하지만 자식들은 제주도로 모실 형편이 못됐다. 마침 함께 일하던 작가가 제주 바다 시리즈를 작업 중이었다. 이때 할머니 동네 바다 사진을 찾아냈다.

"……."

성 작가의 호스피스·완화의료 사진전 "누구도 홀로이지 않게"에

갔었다. 깊은 슬픔에 젖어 있는 쪽빛 바다 사진이 눈에 띄었다. 유일하게 환자가 없는 작품이기도 했다.

"왜 이 작품이 특별하게 느껴지죠."

얼마 뒤 작품 한 점이 배달돼 왔다. 작가의 선물이었다. 바로 그 바다, 할머니의 바다였다. 대체 인간은 죽음의 모습을 어디까지 결정할 수 있는 것일까.

얼마 전 구본무 LG 회장이 영면에 들었다. 1년간의 투병 과정에서 "연명 치료는 하지 않겠다."는 고인의 뜻을 가족들이 따랐다고 한다.

역시 얼마 전 95세로 타계한 윤보희 전 이화여대 음악과 교수의 이별 또한 존엄했다. 연명 치료를 사양하고 병원 문을 스스로 나온 그녀는 퇴원 당일 미용실에 들렀다고 한다. 스스로 식사량을 줄였고 오래지 않아 삶과 이별했다. 고인이 남긴 유언은 세 가지. '부의금 받지 마라', '염(殮)할 때 신체를 끈으로 묶지 마라', '얼굴에는 보자기 덮지 마라.' 스스로 선택한 존엄한 퇴장이었다.*

인간은 자신의 죽음에 대해 어디까지 개입할 수 있는 걸까. 자살은? 안락사는? 연명 의료 중지는? 당연히 자살은 있을 수 없다. 안락사도 현행법상 허용되지 않는다. 안락사는 환자의 고통을 덜어 주기 위해 생명을 인위적으로 종결시키는 모든 행위를 말한다. 이 또한 생명의 인위적 단축을 전제하기에 허용될 수 없다. 물론 다른 입법례도 있다.

* 어수웅, "부처님오신날과 어떤 존엄한 퇴장," 『조선일보』(2018/05/21).

지난 5월 10일, 호주의 최고령 과학자였던 104세 데이비드 구달 (David Goodall) 박사는 안락사가 허용된 스위스를 찾아가 약물 주사를 맞고 생을 마감했다.

"생의 마지막 순간에 선택할 음악은 베토벤 교향곡 9번의 마지막 부분(〈환희의 송가〉)일 것이다. 나의 선택이 안락사에 대한 자유로운 시각을 갖게 하는 큰 계기가 되길 바란다."고 말했다. 우리 법이 허용하는 부분은 연명 의료의 포기나 중지다.

〈호스피스·완화의료 및 임종 과정에 있는 환자의 연명 의료 결정에 관한 법률〉(이하 〈연명 의료 결정법〉)이라는 긴 이름의 법이 하나 있다. 지난해 2월 4일부터 시행된 법이다. 더 이상 회생 가능성이 없는, 즉 임종 과정에 있는 환자에 대해 의학적으로 무의미한 연명 의료를 하지 않거나 중지할 수 있도록 하는 제도다. 이제 〈연명 의료 결정법〉 시행으로 회복 가능성이 없는 환자가 자신의 의사에 따라 연명 의료를 유보하거나 중단하는 선택이 가능해진 것이다.

부연하면 '연명 의료'란 임종 과정에 있는 환자에게 하는 심폐 소생술, 혈액 투석, 항암제 투여, 인공호흡기 착용의 의학적 시술로서, 치료 효과 없이 임종 과정의 기간만을 연장하는 것을 말한다(법 제2조). '임종 과정'이란 회생의 가능성이 없고, 치료에도 불구하고 회복되지 아니하며, 급속도로 증상이 악화되어 사망에 임박한 상태를 말한다(법 제2조).

연명 의료 중단은 자칫 위험할 수 있어 요건이 까다롭다. 크게 네 가지가 있다.

첫째, 건강할 때 미리 쓴 '사전 연명 의료 의향서', 둘째, 말기 환자 등의 의사에 따라 담당 의사가 작성한 '연명 의료 계획서', 셋째, '평소 환자가 연명 의료를 원하지 않았다'는 가족 2인 이상의 일치된 진술, 넷째, 지극히 예외적인 경우 환자 가족 전원의 합의 및 의사 등의 확인. 이 가운데 하나를 충족해야만 한다.

상속 설계는 삶의 마지막 순간에 대한 자기 결정이다. 따라서 연명 의료에 대한 사전 결정은 필수다.

4

상속 설계
십계명

"시간은 평안을 가져오지 않네.
당신들 모두 거짓말을 한 것"

상속 설계 십계명

1. 인생의 마지막 설계는 상속 설계

2. 상속 설계, 지금 당장 시작하라.

3. 상속은 가문의 전통, 명예, 정신, 자산을 이어가는 것이다.

4. 회고록 등 삶을 기록하라.

5. 유언장은 백번이고 고쳐 쓸 수 있다.

6. 재산 관계를 수시로 정리하라.

7. 디지털 권리도 중요하다.

8. 사회적 기부에 대한 설계가 필요하다.

9. 연명 치료, 장례 절차 등에 관해 결정하라.

10. 변호사 등 상속 설계 전문가와 상의하라.

제C-2018-024716호

01

인생의 마지막 설계는 상속 설계

인생은 생애주기별로 여러 설계를 필요로 한다. 결혼 설계, 내 집 마련 설계, 교육 설계, 노후 설계, 연금 설계 등등. 상속 설계는 인생의 마지막 단계에서 이뤄지는 설계다. 그렇다고 사후 설계는 아니다. 생전 설계다. 상속 설계는 또한 죽음에 대한 설계가 아니다. 삶의 설계다. 상속 설계를 통해 나를 돌아볼 수 있고, 정리할 수 있고, 영원히 계속될 가치와 전통을 정립해 나갈 수 있다. 상속 설계는 재산 설계에 한정되지 않는다. 절세 설계는 지나치게 좁은 개념이다. 상속 설계는 종합 설계요, 내 인격과 삶에 대한 전면적 설계다. 한편, 상속 설계는 나와 다음 세대를 연결하는 가교다. 상속 설계를 통해 나의 삶은 계속 이어진다.

02

상속 설계, 지금 당장 시작하라

상속 설계를 미룰 이유가 없다. 상속 설계를 미룬다고 연명이 되는 것도 아니고, 상속 설계를 앞세운다고 삶이 단축되는 것도 아니다. 모든 일이 그렇듯이 준비와 계획은 빠를수록 좋다. 상속의 효력이 발생하는 죽음의 순간은 아무도 예측할 수 없다. 누구에게나 죽음은 찾아오지만, 죽음의 시기는 예고되지 않는다. 그러기에 상속 설계는 지금 당장이어야 한다. 절세라는 측면에서도 상속 설계는 빠를수록 좋다.

03

상속은 가문의 전통, 명예, 정신, 자산을 이어가는 것이다

마지막 이별의 순간, 무슨 말을 남겨야 할까. 그것이 바로 상속이다. 그 순
간 재산 분배에 관해 이야기할까. 아니면 고마웠다고 이야기할까. 아니면
잘 살아 달라고 이야기할까. 다시 만나자고 이야기할까. 삶의 안정을 위한
물적 기초의 중요성을 부정하는 것은 아니다. 하지만 재산만큼이나 혹은
재산보다도 중요한 것이 가치다. 전통이다. 삶의 자세다. 재산 관계를 잘
정리하고, 자녀들의 특성에 맞게 훈련시키고 분배하는 것은 무척이나 중
요하다. 하지만 그에 못지않게 가문의 가치, 가문의 전통, 그리고 삶의 자
세나 교훈, 역사 등을 제대로 전승하는 것이야말로 상속의 중요한 테마다.
지나치게 재산 상속에 집중하거나, 자녀들의 관심이 그곳에 모여지게 하
거나, 또 절세에만 지나치게 집착한 나머지 상속의 본질을 놓치는 일이 있
어서는 안 된다. 상속의 전부가 재산 상속이라면 한 인간의 삶은 얼마나
공허할 것인가. 상속은 인격이어야 한다.

04
회고록 등 삶을 기록하라

재산도 삶의 기록이다. 경제적 역사이기 때문이다. 사진도 있고, 영상도
있고, 애장품도 있다. 일기도 있고, 정리된 글도 있고, 회고록도 있고, 자서
전도 있고, 평전도 있다. 영상이건, 기록이건, 글이건, 말이건 정리가 필요
하다. 삶의 증거들을 정리해서 다음 세대에 전승해야 한다. 자녀들과 영상
대화를 정리하고 이를 다큐멘터리로 남기는 방식도 유용하다.

05

유언장은 백번이고 고쳐 쓸 수 있다

인간의 주체적 결정은 삶의 마지막 순간에도 계속되어야 한다. 합리적이고 균형 잡힌 자기 결정이야말로 인간의 본질이다. 상속 설계의 법적 의지가 유언이라면 설계의 증거는 곧 유언장이다. 유언장은 백번이고 고쳐 쓸 수 있다. 마음에 안 들면 고쳐 쓰면 된다. 자녀가 불효하면 그 비율을 언제든 조정할 수 있다. 재산 상황이나 재산 가치 또한 늘 변할 수밖에 없다. 상황 변화에 맞춰 유언장은 수정될 필요가 있다. 유언이나 유언장이 없다면 어떻게 될까. 유언이 없을 때 법은 공평 원칙에 따라 상속의 비율을 정해두긴 했다. 그것에 맡길 것인가. 좀 더 적극적이고 가문의 특성이 반영된 상속 의사가 필요할 것이다. 또한 법정상속에 관한 법률은 재산 분배 말고 다른 원칙은 정해 두지 않았다. 상속은 재산 상속이 전부가 아니므로 유언과 유언장은 반드시 필요하다.

06

재산 관계를 수시로 정리하라

큰 부동산이나 거액의 예금만이 상속재산인 것은 아니다. 예금 하나, 연금 하나, 임대차 계약 하나 정확히 정리하고 문서 등을 제대로 기록하고 보관하자. 현실적으로 법적 분쟁이 발생하는 부분은 재산 관계다. 그래서 동산과 부동산 그리고 각종 자산 가치 있는 물품들에 대한 정리 정돈, 법률관계에 대한 명확한 증거 정리 등은 상속 설계의 출발이다. 상속 설계는 가족 관계, 재산 관계, 명백한 사실관계를 정리하는 것에서부터 출발한다. 유언이나 증여 등 상속 설계를 하더라도 이 부분이 정리되어 있지 않으면 혼란에 빠질 수밖에 없다. 또한 앞서 이야기했듯이 재산 관계는 수시로 변할 수밖에 없다. 변화되는 관계들을 정리할 사람은 자기 자신뿐이다. 정리하고 또 정리하라. 기록하고 또 기록하라. 그리고 이런 사실들을 가능하면 가족들과 공유하라. 아니면 변호사나 회계 전문가에게 위임하라.

07

디지털 권리도 중요하다

우리 시대를 살아가면서 가장 당혹스러운 순간은 언제일까. 지갑을 잃어버렸을 때보다 휴대전화를 잃어버렸을 때일 것이다. 가족사진을 앨범에 보관하던 시대는 한참 오래전이다. 거의 모든 가족사진은 휴대전화를 통한 클라우드에 저장되어 있다. 그런데 비밀번호를 알지 못한다면 그 가족사진은 전혀 의미가 없다. 누구나 인정하듯이 세상은 이미 아날로그에서 디지털로 진화됐다. 오프라인보다는 온라인 세상에 중요한 정보를 저장한다. 그래서 디지털화된 문자, 메모, 정보, 글, 이메일, 번호, 자산 등 관계들을 미리 기록해 두고 보관 장소를 잘 알려 두어야 한다. 프라이버시의 침해가 늘어날수록 디지털 방식을 통해 개인 정보를 저장하게 된다. 그런 만큼 상속재산에서 디지털화된 정보나 재산이 상속 대상에서 차지하는 비중이나 가치가 높아진다. 따라서 디지털 권리의 상속 방법에 대해 새롭게 고민해야 한다. 과거에는 장례식 후 부모님의 옷가지를 불태우는 것으로 기억을 정리했다. 하지만 이제 디지털 세상에는 부모님에 대한 온갖 정보가 여전히 살아남아 때로는 나를 슬프게 하고, 때로는 나를 괴롭힐 수 있다. 그래서 잊힐 권리가 새로운 권리로 대두된다. 이제 이런 현실들을 냉정하게 받아들이고 디지털 세계에서의 장례와 상속 절차를 어떻게 진행할지 별도의 대책을 세워야 한다.

08
사회적 기부에 대한 설계가 필요하다

빌 게이츠가 이런 말을 한 적이 있다. 자신이 아프리카에 태어났더라면 과연 이런 세계적인 기업가가 되었겠느냐고. 그렇다. 자기 혼자 무엇을 일군 사람이란 아무도 없다. 부모님의 도움, 선생님의 교훈, 선배들의 지도, 사회와 국가의 정책과 리더십, 이런 모든 것들이 종합되어 나의 삶이 직조되었다. 그렇다면 나는 사회를 위해 무엇을 남길 것인가. 무엇을 반환하고, 어떤 방식으로 감사의 정을 표현할 것인가. 사회적 기부도 있고, 종교단체에 기부할 수도 있다. 불우이웃을 돕는 방식도 있고, 장학 사업도 있으며 예술 재단을 설립할 수도 있다. 공익법인을 설립해서 다음 세대를 위해 자신의 뜻과 가치를 이어나갈 수 있다. 빌 게이츠가 하고 있고, 워런 버핏이 선택한 여러 방식들이 선례가 될 수 있을 것이다. 아직까지 한국 사회는 이런 방식에 대한 고려가 부족하다. 하지만 자신의 삶이 결코 혼자서는 존재할 수 없었음을 겸허하게 인정한다면 가족에 대한 배려 못지않게 내 이웃과 세상에 대한 배려가 필요하다. 내가 떠난 이후 세상이 불안정하고 반목과 갈등이 판을 친다면 과연 내 후손들은 행복할 수 있을까. 좀 더 넓고 깊게 생각한다면 세상에 대한 기부나 공헌의 방식은 여럿 떠오를 것이다. 사회적 공헌과 기부에 대한 설계야말로 진실로 아름다운 상속 설계의 부분이다.

09

연명 치료, 장례 절차 등에 관해 결정하라

장기 기증은 어떻게 할 것인가. 수혈은 받아도 될 것인가. 심폐 소생술은 동의하는가. 더 이상 회복될 수 없는 말기적 상황에 이르렀을 때 연명 의료 중단은 어떻게 할 것인가. 법에 따라 미리 서류를 준비해 두었는가. 장례 절차는 어떻게 할 것인가. 누구에게 알리기를 희망하는가. 매장을 희망하는가. 화장을 희망하는가. 제사는 지내야 하는가. 제사의 방식은 어떻게 했으면 좋겠는가. 삶의 마지막 순간, 죽음을 둘러싼 여러 모습들을 결정해야 할 일들이 여럿 있다. 왜 이런 중요한 결정들을 미리 해두지 않고 남은 유가족들을 불편하게 하는가. 애써 돌아가신 분의 뜻을 짐작하는 일은 대단히 어렵고 부담스럽다. 그래서 사전에 이런 부분에 대한 분명한 의사 결정을 남겨야 한다.

10

변호사 등 상속 설계 전문가와 상의하라

원리는 간단하다. 질병에 걸렸을 때 스스로 공부하는 것은 중요하다. 판단 능력을 길러야 하기 때문이다. 결국, 가장 중요한 결정은 본인의 몫이다. 하지만 나를 대신하거나 나의 위임을 통해 결정짓는 일이 세상에는 너무나 많다. 내 몸에 대한 침습과 치료를 의사에게 맡기는 것이 가장 비슷한 예가 될 것이다. 신뢰할 만한 의사를 찾고, 그 신뢰에 가치를 부여하고, 그를 믿고 따른다. 그것이 의료 행위다. 법률문제도 마찬가지다. 세금 문제도 마찬가지다. 상속 문제도 마찬가지고, 상속 세금도 마찬가지다. 전문가를 찾아라. 그리고 전문가를 의심하라. 그리고 그 의심이 걷히거든 전문가에게 믿고 맡기고 전문가와 상의하면서, 상속 설계가 단순한 설계의 도면에 그치지 않고 최종적인 청사진이 될 수 있도록 만들어 나가라. 이것이야말로 상속 설계에 대한 마지막 개념이다.

> "시간은 평안을 가져오지 않네.
> 당신들 모두 거짓말을 한 것"
> ― 에드나 세인트 빈센트 밀레이(Edna St. Vincent Millay)

상속·증여 십계명

1. 언제, 누구에게, 무엇을 증여하고 상속할지를 생각하라.

2. 상속과 증여에 대한 계획을 세워라.

3. 재산상속과 재산 증여만이 상속·증여의 전부가 아니다.

   절세의 문제인 것만도 아니다.

4. 상속·증여는 가문의 전통, 명예, 정신, 자산을 계승하는 작업이다.

5. 사전 증여는 효과적인 상속·증여 계획의 하나이다.

6. 10년이 지난 증여재산은 절세에 유리하다.

   그래서 상속·증여 계획은 죽기 전 10년 전에 시작하는 것이 좋다.

7. 할아버지, 할머니로부터 손자, 손녀에게로 대를 넘는 증여는 합법이다.

8. 상속·증여 계획의 핵심은 유언장을 작성하는 것에 있다.

   유언장은 백번이고 고쳐 쓸 수 있다.

9. 부동산 신탁은 상속과 증여의 유연성과 안정성을 담보해 준다.

10. 재산 관계, 연명 치료, 장례·제사 절차 등에 대해 사전에 결정하라.

제C-2018~024718호

HERITAGE

상속 십계명

1. 상속은 과정이다. 삶의 계획이다.

2. 증여의 효과는 생전에, 상속의 효과는 사후에

3. 유언장은 죽음으로 완성된다. 천 번이고 고쳐 써라.

4. 재산상속만이 상속의 전부라면 인생은 얼마나 공허한 것인가.

5. 가문의 재산, 가치, 역사를 어떻게 계승할 것인지를 고민하라.

6. 자서전, 회고록, 사진·영상 등 모든 삶의 기록을 정리하라.

7. 동산, 부동산, 금융자산 등 재산의 변동을 수시로 체크하라.

8. 디지털 권리도 상속된다.

9. 장기 기증, 연명 치료, 장례 절차, 제사 절차 등에 대해서도
   사전에 명확한 의사를 남겨라.

10. 자신을 가장 잘 아는 법률 전문가와 상의하고,
    유언 집행인을 지정해 두어라.

제C-2018-024717호

내 아이들에게 남기는
나의 상속 설계

할아버지의 사랑과 전통을 기억하렴

"1년에 두어 번 산소에 간다. 꽃을 바치고 술을 따른다. 언젠가 함께 간 친구들에게 얘기해 두었다. 내가 죽거든 아버님 산소 앞에 묻어 달라. 내가 늘 무릎 꿇고 절하던 이 자리에 묻어 달라며 부탁해 두었다. 동생에게도 미리 얘기해 두었다. 내가 늘 무릎 꿇는 자리 거기에 한 자 정도 깊이로 땅을 파면 된다. 그러곤 화장한 유골함을 거기에 묻으면 된다. 죽어서라도 아버님을 지키고 시묘살이를 하는 게 도리라고 생각한다. 죽어서라도 늘 아버님께 절하고 살며 고맙다고 인사하며 살아야겠다고 마음먹은 지 오래다. 이 약속만큼은 반드시 지켜야 한다."

— 최삼현, 『아버지를 기억하다』

섣부른 죽음을 바라는 것은 아니지만 죽음이 삶과 함께한다는 사실을 잊어 본 적은 없다. 죽음을 반길 것은 아니지만 애써 외면할 생각도 없다. 담담한 현실이기 때문이다. 가까운 친구들과 비교해 볼 때 좀 더 분명한 이런 생사관을 갖게 된 데 대해 나는 늘 자신에게 감사해 한다.

2011년 돌아가신 아버지에 대한 책을 묶어 내면서 장례 방식에 대해 위와 같이 적어 두었다. 그런데 요즘은 생각이 조금 변한 것 같다. 화장하는 것은 여전히 유효하다. 그리고 아버님 산소 근처로 가는 것도 맞다. 하지만 화장한 골분으로 땅속에 묻히는 건 왠지 불편하고 답답하다. 그래서 그냥 산소 근처에 뿌렸으면 좋겠다(2018년 8월 7일 현재 생각).

뇌사 시에는 모든 장기를 기증하면 된다. 지난 1994년 사단법인 생명나눔실천본부에 기증해 두었다. 회원 번호는 94-00057이다. 다만, 하도 거칠게 살아서 쓸 만한 부분이 있을지는 염려스럽다. 연명 치료 문제는 좀 더 나이 들면 정리해서 문서로 남길 생각이다. 현재 생각으로는 굳이 연명 치료를 받을 생각은 없다.

그렇다고 삶의 절대성에 대한 존경심이 훼손되는 것은 아니다. 삶에 대한 절대적 존경심은 무한하다. 좀 더 나이 들면 마음에 대한 정리 못지않게 몸에 대한 정리도 차근차근 해 나갈 생각이다. 삶이 끝날 때를 알고, 끝나야 할 때를 알고, 정결하게 곡기를 끊고, 깨끗한 몸으로 떠나간 사람들의 이야기를 많이 들었다. 어쩌면 그것이 모델이 될 것 같다. 청결한 마음과 몸으로 감사하고 기도하며 평화롭게 삶을 마감하고 싶다.

제사는 전혀 바라지 않는다. 절에 위패를 모시는 것도 바라지 않는다. 할아버지 산소에 들를 때 한 번쯤 생각해 주면 그걸로 충분하다. 장례식을 공식적으로 할 필요 없다. 가족장이어야 하고, 죽기 전에 꼭 알려야 할 사람 명단은 작성해 놓을 작정이다. 그래서 장례식에 참석할 사람, 장례식 이후에 꼭 알려야 할 사람들의 명단은 60세 넘어가면 작성해 두고 매년 고쳐 나갈 생각이다. 신문에 부고를 낼 필요도 없다. 최대한 조용히 떠나고, 최대한 빨리 잊히는 것이 현재로서의 목표다.

(글이라서 굳이 설명할 수밖에 없지만) 친아버지와 양아버지 두 분에 대한 기념사업은 두 딸이 계속해 주었으면 좋겠다.

첫째는 친아버지가 돌아가신 1년 뒤(2017년)부터 시작한 고향 해남에서의 '최범영 봉사상'을 가능하면 계속해 줬으면 좋겠다.

둘째는 작은 아버지이자 양아버지께서 돌아가신 이후로 계속해 온 제3세계 출신 서울대 유학생들을 위한 '최삼현 장학재단' 사업을 계속해 줬으면 좋겠다.

그리고 두 분 아버지와 내가 졸업한 화산초등학교와 화산중학교 졸업생들을 위한 장학 사업도 당연히 계속되어야 한다. 물론 이 부분에 대한 부담을 아이들에게 지우고 싶지 않다. 어떤 방식으로 지속할 수 있을지, 언제까지 의무로 남을지에 대해서는 분명한 물적 근거와 자료들을 정리해서 남길 생각이다.

내 개인에 대한 자료 정리나 기념 등은 전혀 할 이유가 없다. 아니다, 바라지 않는다. 다만 아이들이 자신들의 기억의 범주 내에서 기념하고 보존하고 관리해 나가는 건 막을 수 없을 것 같다. 사랑의 영역이니까.

아참, 놓친 게 있다. 아버님 유품이다. 휠체어 등은 내가 알아서 정리하고 떠나겠다.

남들이 백 번 할 때, 너희들은 천 번 해야 한다

무슨 말을 남겨야 할까. 무슨 가치를 강조해야 할까. 이를테면 '경주 최 부잣집'의 가훈처럼 어떤 가치와 전통이 시대를 초월해서 살아남을 수 있을까. 어떤 문장이 후손들에게 가문의 '황금률'이 될 수 있을까.

수 년 전 아이들을 미국 보스턴으로 보내면서 기숙사 책상머리에 걸어 둘 문장을 고민했다. 여지없이 생각해 낸 것이 경주 최 씨의 시조인 고운 최치원 선생이 『계원필경』(桂苑筆耕)의 머리글에서 인용했던 중국의 옛글.

"남들이 백 번 노력할 때, 나는 천 번 노력했습니다"(人百己千).

선생은 12살 때 당나라로 유학을 떠나, 과거 시험에 합격하고 지금의 장쑤성 양저우(揚州) 땅에서 벼슬길에 오른다. 그러고 나서 다시 신라로 돌아와 왕에게 자신의 문집 『계원필경』을 바치며 젊은 날 이국땅에서의 경험과 열정을 이렇게 표현했다.

나는 존경하는 서예가 선생님께 이 글을 부탁드렸다. 두 편의 글을 받아 족자로 만들어 둘둘 말아 아이들 가방에 넣어 주었다. 결코 이 말을 잊지 않았으면 했고, 1천2백 년의 세월을 두고 살아남은 가장 보편적 가치가 아이들을 통해 계속되기를 희망했다.

직전에는 경주 최 씨 종친 어른께 특별한 부탁을 드렸다. 다음 세대들이 그 몇 십 권짜리 족보를 어떻게 보관할 것이며, 족보에서 어떻게 한 줄, 한 줄 이어나갈 수 있을 것인가. 그래서 시조 선생에서부터 아이들에게 이르기까지 족보 정리를 부탁드려서 몇 장으로 요약했다. 내가 다시 정리할 기초가 못되어 그것을 그대로 깨끗이 복사해 아이들에게 보내는 글을 덧붙여 간단한 메모로 묶었다. 그리고 아이들 가방에 넣어 주었다.

두 아이에게 나는 '우리 아이들은 대체 어느 별에서 왔지'라고 이야기하곤 한다. 그래, 별에서 왔을 것이다. 그러곤 다시 별로 돌아가리라 믿는다. 그 별은 우주의 티끌이요, 한편 빛이다. 하지만 생물학적으로 그리고 지구라는 시공간으로 범위를 좁히자면 나는 인류의 후손이요, 경주 최 씨의 전통이요, 한반도라는 시공간의 산물이다.

아이들이 이 점을 결코 잊지 않았으면 좋겠다. 대신 스스로를 넘어서고, 한반도라는 공간을 넘어서고, 오늘의 시간을 넘어서고, 빅 히스토리와 같은 광대무변한 우주와 자신을 연결할 수 있기를 희망한다. 그렇다. 열정이어야 한다. 뜨거운 열정이어야 한다. 시간과 역사와 공간과 오늘의 삶에 대한 뜨거운 열정이어야 한다.

세계적인 컨설팅 업체 매킨지에서 면접 때 가장 처음 물어보는 말이 "당신은 열정이 있나요?"라는 질문이라는 글을 읽은 적이 있다. 그렇다. 열정이다. 열정이 있어야 한다. 자신에 대한 열정, 시대에 대한 열정, 학문에 대한 열정, 한반도에 대한 열정, 진보에 대한 열정, 내 이웃에 대한 열정. 이런 모든 열정이 모여 내 삶은 단단해지고, 그 뜨거움이 뭉쳐 내 삶은 보석이 되는 것이다. 나는 그렇게 믿는다. 그래서 좀 더 부지런하고, 좀 더 노력해야 하고, 좀 더 뜨거운 열정을 발휘해야 한다.

내가 가진 특별한 인생관 중 하나가 '마라톤 경기에서 1등을 한 선수는 자신이 빨리 달려서가 아니라 다른 선수들이 포기하거나 뒤처졌기 때문'이라는 것이다. 마라톤에 빗댄 인생관은 '겸손'이다. 겸허다. 절대 겸손이다. 타인에 대한 존경과 절대자에 대한 신실함을 의미한다.

세상에 혼자 힘으로, 내 멋대로 되는 일이 뭐가 있겠는가. 물론 그 기초에는 열정이 존재하겠지만 누군가의 희생과 헌신, 누군가의 도움, 누군가의 포기로 반사적으로 이루어진 일들이 거의 대부분일 것이다. 그래서 겸손해야 한다. 겸손만이 스스로를 자유롭게 하고, 타인에게 불필요한 시선으로부터 자신을 자유롭게 만든다. 평상시에 했던 이야기를 나이 들어 갈수록 반복하게 된다. 그래서 진부한 이야기가 될지도 모르겠다.

무엇보다도 중요한 가치 중의 하나, 꼭 남겨야 할 말이 있다면 '크게 의심하라'는 것이다. 의심해야 한다. 그렇다. 생각이다. 생각해야 한다.

크게 의심해야, 크게 깨달을 수 있다.

HERITAGE

상속 설계를 위한 서식

유언장

효도 계약서

상속세 과세표준 및 자진 납부 계산서

상속세 과세 가액 계산 명세서

상속인별 상속재산 및 평가 명세서

상속 개시 전 재산처분 ·
채무부담 내역 및 사용처 소명 명세서

부동산 신탁 등기부 등본

📖 유언장

1. 다음의 유언장 예시에 따라 유언장을 써보자.

예시 ① ···

유 언 장

유언자

1. 성명 : 홍 길 동
2. 생년월일 : 19○○년 ○○월 ○○일
3. 등록 기준지(본적) : ○○시 ○○구 ○○동 ○○번지
4. 주소 : ○○시 ○○구 ○○동 ○○번지 ○○호

유언 사항

나는 다음과 같이 유언한다.

1. ____시/도 ____구/시 ____동 ____아파트 ____동 ____호는
   남편/아내 ____에게 상속한다.
2. ____시/도 ____구/시 ____면 ____리 ____번지 근린 상가 시설 건물은
   장남 ____에게 상속한다.
3. ____시/도 ____구/시 ____면 ____리 ____번지 소재 대지 ____평은 장녀 ____와
   차남 ____에게 균등하여 공동 상속한다.

4. 유언자 명의의 ___은행예금(계좌번호 123-12-1234567) 및
   ___증권 987-98-987654 계좌에 있는 ___회사 주식 1만 주는
   차녀___에게 상속한다.

5. ___시/도 ___구/시 ___면 ___리 ___번지 소재 전 ___평은
   친모 ___(주소: ○○시 ○○구 ○○동 ○○번지, 주민등록번호: ___)에게
   증여한다.

6. 친구 ___에게 대여한 금원 ___원 및 이에 대한 이자는 장남 ___이
   상환 받도록 한다.

7. 상기 기재 외의 재산은 장남 ___이 상속하는 것으로 정하되, 아내 ___,
   장녀 ___와 협의하여 나눌 수 있다.

8. 유언집행자는 유언자의 친동생인 ___을 지정한다.

9. 장남 ___, 차남 ___, 장녀 ___, 차녀 ___,는 서로 협심하여
   우애 있고 화목하게 살아가기 바라며, 아내 ___를 효를 다해 모시도록 한다.

작성일 : ___년 ___월 ___일
유언자 성명 : _____ (인)

유 언 장

유언자

홍길동
1918년 5월 20일생
주소 : 서울 서초구 명달로 ○○(우편번호 : ○○○○○)
전화 : 02-123-1234

유언 사항

나는 다음과 같이 유언한다.

가. 재산의 유증

서울시 중구 세종로 ○○번지 500평방미터는 상속인 중 장남 홍길금
(주소 : 서울 강남구 대치동 ○○번지, 생년월일 1950년 10월 5일생)에게 증여하고

서울시 동작구 상도로 ○○번지 대지 100평방미터와 주 벽돌조 슬라브 1층 상가는
차남 홍차남(주소 : 서울 관악구 대학동 ○○번지, 생년월일 1955년 4월 5일생)에게
증여하고

이 유증은 나의 사망일로부터 효력을 발생한다.

나. 유언집행자의 지정에 관하여 위 유증의 의행을 위하여 유언집행자로
    김희선(주소 : 서울 종로구 새문안로92, 주민번호 123456-1234567)을 지정한다.

작성 일자 : 2018년 8월 9일
유언자 성명 : 홍길동 (인)

유 언 장

유언자 ○○○은 이 유언서에 의해 아래와 같이 유언한다.

— 아래 —

1. 유언자 ○○○은 그의 소유인 ○○○의 토지를 ○○시 ○○구 ○○동 ○○번지의
   ○○○에게 증여한다.
2. 유언자 ○○○은 그의 소유인 ○○은행 ○○지점, 유언자 ○○○ 명의의 정기예금
   ○○○원의 예금 채권을 ○○시 ○○구 ○○동 ○○번지의 ○○○에게 증여한다.
3. 유언자 ○○○은 ○○시 ○○구 ○○동 ○○번지의 ○○○에 대해 유언자가
   2000년 1월 1일 대부한 채무 금 ○○○원을 면제한다.
4. 유언자 ○○○의 ○○은행 ○○지점 정기예금 금 ○○○만 원을 출연하여
   청소년 육성을 목적으로 하는 ○○회라는 명칭의 재산 법인을 설립할 것.

작성 일자 : 2000년 ○○월 ○○일

유언자 : ○○○ (인)

주민번호 (생년월일) : _____

주소 : _____

유 언 장

유언자
성명 : 홍길동
주소 : 서울시 ○○구 ○○동 ○○번지
생년월일 : 1930년 ○○월 ○○일

증인1
관계 : 친구 / 성명 : 김또치 / 주소 : 서울시 ○○구 ○○동 ○○번지

증인2
관계 : 변호사 / 성명 : 조성환 / 주소 : 서울시 ○○구 ○○동 ○○번지

유언자 홍길동은 사망의 위험이 있으므로 2000년 ○○월 ○○일 유언자 자택에서
위 증인 2인 참여하에 다음과 같이 유언을 구수함

— 다 음 —

유언자인 홍길동은 그의 소중한 아래와 같은 부동산 및 유체동산을 다음의 사람에게
증여함.

1. 장남 ○○○에게 유언자 소유 서울 ○○구 ○○동 ○○ 소재 대지 ○○평 및
   위 지상 가옥 ○동 건평 ○○평을 상속한다.
2. 차남 ○○○에게 유언자 명의의 ○○은행 예금(계좌번호 ○○), ○○주식회사
   주식 ○○주를 상속한다.
3. 유언집행자로서 변호사 임꺽정을 지정한다.

위의 유언자 및 증인들은 본문의 정확성을 승인하고 각자 서명 날인함

2000년 ○○월 ○○일
유언자 : 홍길동 (인)
증인 1 : 김또치 (인)   증인 2 : 조성환 (인)

유 언 장

유언자

홍길동

○○년 ○○월 ○○일 생

등록기준지: ○○시 ○○구 ○○동 ○○번지

현재 주소: ○○시 ○○구 ○○길 ○○○

유언 내용

1. 유언자 홍길동은 이 유언장에 의하여 다음과 같이 유언한다.

가. 장남 ○○○에게는 다음의 재산을 상속한다.

① ○○시 ○○구 ○○동 대 ○○평방미터

나. 처남 ○○○에게는 유언자가 경영하는 주식회사 ○○의 후계자로 지정하고,

　　다음 재산을 상속한다.

② ○○시 ○○구 ○○동 대 ○○평방미터

③ 주식회사 ○○에 대한 유언자의 소유 주식 전부

다. 처 ○○○에게는 다음 재산을 상속하게 한다.

① 유언자가 ○○은행, **은행에 가지고 있는 예금 채권 전부

2. 유언집행자의 지정

① 이 유언의 유언집행자로서 변호사 조성환(서울 종로구 새문안로92 1910호)을

　　지정한다.

② 유언집행자의 보수는 업무 착수 시부터 집행 종료 시까지 월 500만원(부가세 별도)

　　으로 한다.

작성 일자 2XXX년 ○○월 ○○일

유언자 홍길동 (인)

○○시 ○○구 ○○동 ○○번지 (도로명 주소 : _____)

유 언 장

이름 : _____ (인)
주민등록번호 :
주소 :
작성일 :

임종 방식

시신 기증이나 장기 기증 여부

원하는 장례 방식

- 원하는 매장 방식과 매장지 밝히기
- 부고를 보내 초청할 사람들의 범위와 연락처 적기
- 원하는 장례 예식 밝히기
- 사후 제사 방식 밝히기

유산 상속 및 재산 기부

금융 정보

남기고 싶은 말

---

2. 유언장의 기본은 재산목록 정리, 재산을 정리해 보자

예시 ① *..

재산 목록

1. 현금 : 금액 _____원

2. 예금
   금융기관명 _____ 계좌번호 _____ 잔고 _____원

3. 보험(생명보험, 화재보험, 자동차보험 등)
   보험회사명 _____ 증권 번호 _____ 해약 반환금 _____ 원

4. 임차 보증금
   임차 물건 _____ 임차 보증금 _____ 원 반환 예상금 _____ 원

5. 대여금 · 구상금 · 손해배상금 · 계금 등
   채무자명 _____ 채권 금액 _____ 회수 가능 금액 _____원

6. 매출금(개인 사업을 경영한 사실이 있는 분은 현재까지 회수하지 못한 매출금 채권)
   채무자명 _____ 채권 금액 _____ 회수 가능 금액 _____원

7. 퇴직금
   근무처명 _____ 퇴직금 예상액 _____원

8. 부동산(토지와 건물)
   종류(토지 · 건물) 소재지 _____
   시가 _____원 등기된 담보권의 피담보채권 잔액 _____ 원

9. 자동차(오토바이를 포함한다)

    차종 및 연식   등록 번호_____   시가_____원

    등록된 담보권의 피담보채권 잔액_____원

10. 기타 재산적 가치가 있는 중요 재산권(주식, 회원권, 특허권, 귀금속, 미술품 등)

    품목명_____   시가_____원

11. 최근 2년 이내에 주거 이전에 따른 임차 보증금을 수령한 사실

12. 최근 2년 이내에 이혼에 따라 재산분여(할)한 사실

13. 친족의 사망에 따라 상속한 사실

    _____년 _____월 _____일 부·모 _____의 사망에 의한 상속

    상속 상황

    ㉠ 상속재산이 전혀 없었음

    ㉡ 신청인의 상속 포기 또는 상속재산 분할에 의하여 다른 상속인이 모두 취득하였음

    ㉢ 신청인이 전부 또는 일부를 상속하였음

    주된 상속재산과 그 처분의 경과

14. 배우자, 부모, 자녀 명의의 1,000만 원 이상의 재산

    (1인 명의 재산이 1,000만 원 이상일 때)

    재산의 종류_____

    재산의 명의자_____, 채무자와의 관계_____

    재산의 시가_____, 재산에 관한 피담보채무_____

    재산 취득 시기_____

    재산 취득 자금 마련 경위 _____

예시 ②[*] ....

재산 목록

명칭	금액 또는 시가 (단위: 원)	압류 등 유무	비고			
현금						
예금			금융기관명			
			계좌번호			
			잔고			
보험			보험회사명			
			증권번호			
			해약 반환금			
자동차 (오토바이 포함)						
임차 보증금 (반환 받을 금액을 금액란에 적는다)			임차 물건			
			보증금 및 월세			
			차이 나는 사유			
부동산 (환가 예상액에서 피담보채권을 뺀 금액을 금액란에 적는다)			소재지, 면적			
			부동산의 종류	토지( ), 건물( ), 집합건물( )		
			권리의 종류			
			환가 예상액			
			담보권 설정된 경우 그 종류 및 담보액			
사업용 설비, 재 고품, 비품 등			품목, 개수			
			구입 시기			
			평가액			
대여금 채권			상대방 채무자1:	□ 소명자료 별첨		
			상대방 채무자2:	□ 소명자료 별첨		
매출금 채권			상대방 채무자1:	□ 소명자료 별첨		
			상대방 채무자2:	□ 소명자료 별첨		
예상 퇴직금			근무처: (압류할 수 없는 퇴직금____ 원 제외)			
기타( )						
합계						
면제 재산결정 신청 금액			면제 재산 결정 신청 내용:			
청산 가치						

3. 상속 재산 분할 협의서 예시

상속 재산 분할 협의서

2XXX년 ○○월 ○○일 ○○시 ○○구 ○○동 ○○번지 망 ○○○의 사망으로 인하여 개시된 상속에 있어 공동상속인 ○○○, ○○○, ○○○은 다음과 같이 상속재산을 분할하기로 협의한다.

1. 상속재산 중 ○○시 ○○구 ○○동 ○○주택 ○○㎡는 ○○○의 소유로 한다.
2. 상속재산 중 ○○시 ○○구 ○○동 ○○상가 ○○㎡는 ○○○의 소유로 한다.

위 협의를 증명하기 위하여 이 협의서 3통을 작성하고 아래와 같이 서명 날인하여 그 1통씩을 각자 보유한다.

2XXX년 ○○월 ○○일

성명 ○○○ (인)
주소 ○○시 ○○구 ○○동 ○○번지
성명 ○○○ (인)
주소 ○○시 ○○구 ○○동 ○○번지
성명 ○○○ (인)
주소 ○○시 ○○구 ○○동 ○○번지

📖 **효도 계약서**

예시 ①

효도 계약서(부담부 증여 계약서)

증여자 ○○○(이하 '갑'이라고 한다)과 수증자 ○○○(이하 '을'이라 한다)은 아래 표시의 부동산(이하 "이 계약 부동산"이라고 한다)에 관하여 다음과 같이 증여 계약을 체결한다.

— 다 음 —

제1조 갑은 갑 소유의 제2조 기재 증여재산을 제3조에서 정하는 조건에 따라 을에게 증여하고, 을은 이를 승낙한다.

제2조 증여재산 목록
  1. 부동산
    서울 강남구 ○○동 ○○번지 토지 ○○㎡
  2. 현금 및 예금
    5억 원 및 ○○은행 예금 채권 3억 원

제3조 위 증여재산은 을이 다음의 사항을 이행할 것을 조건으로 하여 증여한다.
  1. 최소 1개월에 1번, 손자를 데리고 방문하여 식사를 함께 하여야 한다.
  2. 종합 건강검진 및 치료 · 수술비용을 모두 부담한다.

3. 증여된 토지에서 발생하는 월 임대 수익의 10%를 지급한다.

4. 증여된 부동산을 매각 또는 처분할 시에는 갑과 상의하여야 한다.

제4조 을이 다음 각 호에 해당할 경우, 갑은 본 증여 계약을 해제할 수 있다.

1. 제3항 기재 조건을 위반한 경우

2. 갑에게 형사적 처벌이 가능한 범죄행위를 한 경우

3. 질병 등의 이유로 이 계약 부동산을 관리하기에 적합하지 않은 사유가 발생한 경우

제5조 계약의 해제

제4조에 따라 계약이 해제된 경우, 을은 갑에게 지체 없이 부동산의 소유권 이전 등기 및 인도를 하여야 한다. 현금 및 이자는 원금과 법정이자를 반환한다.

제6조 갑과 을은 위 부담부 증여를 증명하기 위해 이 부담부 증여 계약서를 작성하고 증여인 및 수증인은 아래에 각 기명날인하여 1통씩 소지 보관한다.

2018년 ○○월 ○○일

증여인 (갑) ○○○ (인)

○○시 ○○구 ○○동 ○○ 아파트 ○○동 ○○호

수증인 (을) ○○○ (인)

○○시 ○○구 ○○동 ○○ 아파트 ○○동 ○○호

효도 계약서(부담부 증여 계약서)

부동산의 표시

토지

○○도 ○○시 ○○면 ○○리 111-1

임야 6,000㎡

위 부동산은 증여인 홍길동의 소유인바, 증여인은 이를 수증인 홍길서에게 증여할 것을 약정하고, 수증인은 이를 수락한다. 단, 수증인은 아래와 같은 부담 의무 또는 조건을 감수하고 증여를 받는다.

부담 의무 또는 조건

1. 증여인의 요청이 있을 경우, 수증인은 위 부동산의 시가를 한도로 증여인에게
   매월 ○○○원을 생활비 명목으로 입금한다.
2. 노령, 질병 등의 사유로 증여인의 요청이 있을 경우 수증자는 위 부동산의 시가를
   한도로 병원비를 부담한다.
3. 수증자는 매년 5회 이상 증여자를 방문한다.

부담 의무 또는 조건 불이행 시 수증인의 의무

위와 같은 수증인의 부담 의무 또는 조건이 불이행될 경우 수증인은 그 즉시 증여인에게 증여받은 위 표시 부동산을 반환하여야 한다.

2018년 ○○월 ○○일

증여인 홍길동 (123456-1234567) (인)

○○시 ○○구 ○○동 ○○ 아파트 ○○동 ○○호

수증인 홍길서(654321-1654321) (인)

○○시 ○○구 ○○동 ○○ 아파트 ○○동 ○○호

효도 계약서(부담부 증여 계약서)

1. 모 ○○○은 아들 ○○○에게 ○○시 ○○구 ○○동 ○○번지 ○○아파트 ○동 ○호를 증여한다.

2. 아들 ○○○은 모 ○○○에게 매월 ○○만 원을 생활비 명목으로 모 사망 시까지 지급한다.

3. 아들 ○○○은 월 1회 이상 모 ○○○을 방문한다.

4. 아들 ○○○이 제2, 3항을 3회 이상 위반한 경우에는 제1항 기재 증여된 아파트를 모에게 반환한다.

2018년 ○○월 ○○일

모 ○○○ (인)

주민등록번호 : 123456-2123455

아들 ○○○ (인)

주민등록번호 : 123423-123452

상속세 과세표준 및 자진 납부 계산서

■ 상속세 및 증여세법 시행규칙 [별지 제9호 서식] 〈개정 2018.3.19〉

관리번호		–	상속세 과세표준 및 자진 납부 계산서			
			[ ] 기한 내 신고, [ ] 수정 신고, [ ] 기한 후 신고			

※ 뒤쪽의 작성 방법을 읽고 작성하시기 바랍니다.

신고인	① 성명	나성실	② 주민등록 번호	000000 -0000000	③ 전자우편 주소	
	④ 주소	서울 종로 수송 행복아파트 1-101			⑤ 피상속인과의 관계	처
	⑥ 전화번호	(자택) 000-0000 (휴대전화) 000-0000-0000			사후 관리 위반 신고	N
피상속인	⑦ 성명	강남부	⑧ 주민등록 번호	000000 -0000000	⑨ 거주 구분	[ ] 거주자, [✔] 비거주자
	⑩ 주소	서울 종로 수송 행복아파트 1-101				
	⑪ 상속 원인	[✔] 사망 [ ] 실종 [ ] 인정 사망 [ ] 기타			⑫ 상속 개시일	'18.1.10
세무 대리인	⑬ 성명	김세무	⑭ 사업자 등록 번호	000-00-00000	⑮ 관리 번호	0-0000
	⑯ 전화번호	(자택) 000-0000 (휴대번호) 000-0000-0000				

구분	금액	구분		금액
⑰ 상속세 과세 가액	1,880,000,000		유증 등 재산 가액	
⑱ 상속 공제액	1,630,000,000	영리 법인 면제	면제 세액 〈상속세 및 증여세법〉 제3조의2	
⑲ 감정평가 수수료		㉟ 면제분 납부 세액(합계액)		
⑳ 과세표준(⑰-⑱-⑲)	250,000,000	㊱ 신고불성실 가산세		
㉑ 세율	20%	㊲ 납부불성실 가산세		
㉒ 산출 세액	40,000,000	㊳ 납부할세액(합계액) (㉔+㉕-㉖-㉗+㉟+㊱+㊲)		38,000,000
㉓ 세대 생략 가산액		납부방법	납부·신청 일자	
㉔ 산출 세액(㉒+㉓)	40,000,000	㊴ 연부연납		
㉕ 이자 상당액		㊵ 물납		
㉖ 문화재 등 징수 유예 세액		현납	㊶ 분납	
㉗ 계(㉘+㉛+㉜+㉝+㉞)	2,000,000		㊷ 신고납부	
㉘ 증여 세액 공제	소계(㉙+㉚)		〈상속세 및 증여세법〉 제67조 및 같은 법 시행령 제64조 제1항에 따라 상속세의 과세가액 및 과세표준을 신고하며 위 내용을 충분 히 검토하였고 신고인이 알고 있는 사실 그대로 적었음을 확인합 니다.		
	㉙ 〈상속세 및 증여세법〉 제28조				
	㉚ 〈조세특례제한법〉 제30조의5 및 제30조의6				
㉛ 외국 납부 세액 공제 〈상속세 및 증여세법〉 제29조		2018년 7월 31일 신고인 나성실 (서명 또는 인)		
㉜ 단기 세액 공제 〈상속세 및 증여세법〉 제30조		세무 대리인은 조세 전문 자격자로서 위 신고서를 성실하고 공정하게 작성하였음을 확인합니다.		
㉝ 신고 세액 공제 〈상속세 및 증여세법〉 제69조	2,000,000	세무 대리인 김세무 (서명 또는 인)		
㉞ 그 밖의 공제		세무서장 귀하		

신청(신고)인 제출 서류	1. 피상속인의 가족관계증명서 1부 2. 상속세과세가액계산명세서(부표 1) 1부 3. 상속인별 상속재산 및 평가명세서(부표 2) 1부 4. 채무·공과금·장례비용 및 상속공제명세서(부표 3) 1부 5. 상속 개시 전 1(2)년 이내 재산처분·채무부담 내역 및 사용처소명명세서(부표 4) 1부 6. 영리법인 상속세 면제 및 납부 명세서(부표 5) 1부	수수료 없음
담당 공무원 확인 사항	상속인의 가족관계증명서	

행정 정보 공동 이용 동의서
본인은 이 건 업무 처리와 관련하여 담당 공무원이 〈전자정부법〉 제36조제1항에 따른 행정 정보의 공동 이용을 통하여 위의 담당 공무원 확인 사항을 확인하는 것에 동의합니다. ★ 동의하지 않는 경우에는 신청인이 직접 관련 서류를 제출하여야 합니다. 신청인   나성실   (서명 또는 인)

상속세 과세 가액 계산 명세서

■ 상속세 및 증여세법 시행규칙 [별지 제9호 서식 부표1] 〈개정 2018.3.19〉

| 관리번호 | - | **상속세 과세 가액 계산 명세서** |

가. 상속받은 총재산 명세

① 재산 구분 코드	② 재산 종류	③ 지목 또는 건물·재산 종류	④ 소재지·법인명 등 국외 재산 여부	국외 재산 국가명	( )	⑤ 사업자 등록 번호	⑥ 수량 (면적)	⑦ 단가	⑧ 가액
A11	건물	아파트 외	여[ ] 부[✔]		서울 종로 수송 행복아파트 1-101 외				1,200,000,000
A11	금융 재산	보험금	여[ ] 부[✔]		△△ 보험				100,000,000
A11	금융 재산	예금 적금	여[ ] 부[✔]						600,000,000
A13			여[ ] 부[✔]						200,000,000
A21			여[ ] 부[✔]						100,000,000
⑨ 계									2,200,000,000

나. 상속세 과세 가액 계산

총 상속재산 가액	⑩ 상속재산 가액	1,900,000,000
	⑪ 상속 개시 전 처분 재산 등 산입액 (〈상속세 및 증여세법〉 제15조)	200,000,000
	⑫ 합계	2,100,000,000
비과세 재산 가액(〈상속세 및 증여세법〉 제12조)	⑬ 계	
	⑭ 금양(禁養)임야 등 가액(〈민법〉 제1008조의 3)	
	⑮ 문화재 가액	
	⑯ 기타	
과세 가액 불산입액	⑰ 계	
	⑱ 공익법인 출연재산 가액(〈상속세 및 증여세법〉 제16조)	
	⑲ 공익 신탁재산 가액(〈상속세 및 증여세법〉 제17조)	
	⑳ 기타	
공제 금액 (〈상속세 및 증여세법〉 제14조)	㉑ 계	320,000,000
	㉒ 공과금	15,000,000
	㉓ 장례비용	5,000,000
	㉔ 채무	300,000,000
가산하는 증여재산 가액	㉕ 계 (㉖+㉗) 또는 (㉗+㉘)	100,000,000
	㉖ 〈상속세 및 증여세법〉 제 13조	100,000,000
	㉗ 〈조세특례제한법〉 제30조의5	
	㉘ 〈조세특례제한법〉 제30조의6	
㉙ 상속세 과세 가액 ⑫-(⑬+⑰+㉑+㉕)		1,990,000,000

상속인별 상속재산 및 평가 명세서

■ 상속세 및 증여세법 시행규칙 [별지 제9호 서식 부표2] 〈개정 2018.3.19〉

관리번호	-	**상속인별 상속재산 및 평가 명세서**

가. 상속인별 상속 현황

① 피상속인 과의 관계	② 성명	③ 주민등록번호	④ 주소	⑤ 법정상속 지분율	⑥ 법정 상속 재산 가액	⑦ 실제 상속 지분율	⑧ 실제 상속 재산 가액
처	나성실	000000-0000000	서울 종로 수송 행복 아파트 1-101	1.5/2.5	1,131,000,000	43.0%	810,000,000

나. 상속인별 상속 자산 명세

⑨ 자산 구분 코드	⑩ 재산 종류	⑪ 지목 또는 건물·재산 종류	⑫ 소재지·법인명 등 국외 자산 여부	국외 자산 국가명		⑬ 사업자 등록 번호	⑭ 수량 (면적)	⑮ 단가	⑯ 평가 가액	⑰ 평가 기준 코드
A11	금융 재산	예금	여[ ] 부[✔]		○○은행 ○○지점 (계좌번호: ***-****** -***				600,000,000	06
A13			여[ ] 부[ ]						120,000,000	
A21			여[ ] 부[ ]						100,000,000	
			여[ ] 부[ ]							
			여[ ] 부[ ]							
			여[ ] 부[ ]							
			여[ ] 부[ ]							
			여[ ] 부[ ]							
			여[ ] 부[ ]							
			여[ ] 부[ ]							

계	⑱ 상속재산 가액		800,000,000
	⑲ 상속 개시 전 처분 재산 등 산입액		120,000,000
	비과세 재산 가액	⑳ 금양임야 등 가액	
		㉑ 문화재 가액	
		㉒ 기타	
	과세 가액 불산입액	㉓ 공익법인 출연재산 가액	
		㉔ 공익신탁 재산 가액	
		㉕ 기타	
	가산하는 증여재산 가액	㉖ 〈상속세 및 증여세법〉 제13조	100,000,000
		㉗ 〈조세특례제한법〉 제30조의6	
		㉘ 〈조세특례제한법〉 제30조의6	
	㉙ 합계		820,000,000

상속 개시 전 재산처분·채무부담 내역 및 사용처 소명 명세서

[별지 제9호서식 부표4] (2003.12.31 신설)

<table>
<tr><td colspan="9" align="center">**상속 개시 전 1(2)년 이내 재산처분·채무부담 내역 및 사용처 소명 명세서**</td></tr>
<tr><td colspan="9">가. 처분 재산 및 부담 부채 명세</td></tr>
<tr><td rowspan="2">① 재산
소재지</td><td rowspan="2">② 종류</td><td rowspan="2">③ 면적</td><td rowspan="2">④ 처분일
(부담일)</td><td rowspan="2">⑤ 금액</td><td colspan="3">⑥ 양수자(채권자)</td></tr>
<tr><td>주소</td><td>성명</td><td>주민등록번호</td></tr>
<tr><td>합계</td><td></td><td></td><td></td><td></td><td></td><td></td><td></td></tr>
<tr><td>서울 노원
상계 넉넉
오피스텔
205호</td><td>오피스텔</td><td>대지 25.5㎡
건물 87.3㎡</td><td>2017.5.25</td><td>500,000,000</td><td>서울 성북
돈암 참사랑
아파트 1708</td><td>최고집</td><td>000000
-0000000</td></tr>
<tr><td></td><td></td><td></td><td></td><td></td><td></td><td></td><td></td></tr>
<tr><td></td><td></td><td></td><td></td><td></td><td></td><td></td><td></td></tr>
<tr><td></td><td></td><td></td><td></td><td></td><td></td><td></td><td></td></tr>
</table>

<table>
<tr><td colspan="7">나. 사용처</td></tr>
<tr><td rowspan="2">⑦ 사용연월일</td><td rowspan="2">⑧ 금액</td><td rowspan="2">⑨ 사용용도</td><td colspan="4">⑩ 거래 상대방</td></tr>
<tr><td>주소</td><td>성명</td><td>주민등록번호</td><td>관계</td></tr>
<tr><td>합계</td><td></td><td></td><td></td><td></td><td></td><td></td></tr>
<tr><td>2017.5.25</td><td>200,000,000</td><td>금융 채무 상환</td><td>서울 중 장충
114</td><td>(주)
빛나은행</td><td>111-81-11111</td><td>무관계</td></tr>
<tr><td></td><td></td><td></td><td></td><td></td><td></td><td></td></tr>
<tr><td></td><td></td><td></td><td></td><td></td><td></td><td></td></tr>
<tr><td></td><td></td><td></td><td></td><td></td><td></td><td></td></tr>
</table>

다. 상속 재산 가액 계산

⑪ 재산 처분(부담 채무) 가액	⑫ 사용처 소명 금액	⑬ 미소명 금액	⑭ ⑪금액의 20%와 2억 원 중 적은 금액	⑮ 상속 추정 여부 ⑬ > ⑭	⑯ 상속 추정 재산 가액
500,000,000	200,000,000	300,000,000	100,000,000	여·부	200,000,000

작성 방법
1. 이 명세서는 〈상속세 및 증여세법〉 시행령 제11조제5항 각호의 1에 해당하는 재산 종류별 별지로 작성합니다.
2. ⑤ 금액란은 처분 재산 종류별 금액 또는 채무 부담액을 기재합니다.
3. ⑪ 처분 재산(부담 채무) 가액란은 ⑤란의 합계 금액을 기재합니다.
4. ⑫ 사용처 소명 금액란은 ⑧란의 합계 금액을 기재합니다.
5. ⑬ 미소명 금액란은 ⑪란의 금액에서 ⑫란의 금액을 차감한 금액을 기재합니다.
6. ⑮ 상속 추정 여부란은 여·부에 ○표를 기입합니다.
7. ⑯ 상속 추정 재산 가액란은 ⑬란의 금액이 ⑭란의 금액보다 큰 경우 ⑬란의 금액에서 ⑭란의 금액을 차감한 금액을 기재합니다.

부동산 신탁 등기부 등본 [*]

[별지 등기 기록례 ①] 위탁자의 선언에 의한 신탁등기

【갑구】(소유권에 관한 사항)				
순위 번호	등기 목적	접수	등기 원인	권리자 및 기타 사항
2	소유권 이전	2012년 1월 9일 제670호	2012년 1월 8일 매매	소유자 김우리 600104-1056429 서울특별시 서초구 반포대로 60(반포동) 거래 가액 금200,000,000원
3	신탁재산으로 된 뜻의 등기	2012년 3월 5일 제3005호	2012년 3월 4일 신탁	수탁자 김우리 600104-1056429 서울특별시 서초구 반포대로 60(반포동) 신탁 신탁원부 제2012-25호

※ 〈신탁법〉 제3조 제1항 제3호에 따라 신탁의 목적, 신탁재산, 수익자 등을 특정하고 자신을 수탁자로 정한 위탁자의 선언에 의한 신탁의 경우에는 신탁등기와 신탁재산으로 된 뜻의 권리 변경 등기를 1건의 신청 정보로 일괄하여 수탁자가 단독으로 신청한다.

[*] 대법원, "민사 서식 예시."

[별지 등기 기록례 ②] 재신탁 등기

【갑구】(소유권에 관한 사항)				
순위 번호	등기 목적	접수	등기 원인	권리자 및 기타 사항
2	소유권 이전	2012년 1월 9일 제670호	2012년 1월 8일 매매	소유자 김우리 600104-1056429 서울특별시 서초구 반포대로 60(반포동) 거래 가액 금200,000,000원
3	소유권 이전	2012년 3월 5일 제3005호	2012년 3월 4일 신탁	수탁자 대한부동산신탁 112601-8031111 서울특별시 강남구 테헤란로 15(삼성동) 신탁 신탁원부 제2012-25호
4	소유권 이전	2012년 7월 30일 제12345호	2012년 7월 27일 재신탁	수탁자 한국부동산신탁 130121-8021111 서울특별시 강남구 테헤란로 35(삼성동) 신탁 신탁원부 제2012-47호

※
1. 수탁자가 〈신탁법〉 제3조 제5항에 따라 타인에게 신탁재산에 대하여 신탁을 설정하는 경우에는 "재신탁"을 등기원인으로 하고 수익자의 동의가 있음을 증명하는 서면을 첨부, 정보로서 제공하여야 한다.
2. 재신탁 등기를 하는 경우에는 원 신탁의 신탁등기를 말소하지 아니한다.

[별지 등기 기록례 ③] 담보권 신탁등기

【을구】(소유권 이외의 권리에 관한 사항)				
순위 번호	등기 목적	접수	등기 원인	권리자 및 기타 사항
1	근저당권 설정	2012년 7월 30일 제12345호	2012년 7월 27일 신탁	채권 최고액 금250,000,000원 존속기간 1년 채무자 김우리 서울특별시 서초구 서초대로46길 60, 101동 201호(서초동, 서초아파트) 수탁자 대한부동산신탁 112601-8031111 서울특별시 강남구 테헤란로 15(삼성동)
				신탁 신탁원부 제2012-38호

※ 위탁자가 자기 또는 제3자 소유의 부동산에 채권자가 아닌 수탁자를 저당권자로 하여 설정한 저당권을 신탁재산으로 하고 채권자를 수익자로 지정한 담보권 신탁등기에 관한 기록례이다.

[별지 등기 기록례 ④] 신탁 가등기

【갑구】(소유권에 관한 사항)				
순위 번호	등기 목적	접수	등기 원인	권리자 및 기타 사항
5	소유권 이전 청구권 가등기	2012년 1월 9일 제670호	2012년 1월 8일 신탁 예약	수탁자 김우리 600104-1056429 서울특별시 서초구 반포대로 60(반포동)
				신탁 가등기 신탁원부 제2012-38호

[별지 등기 기록례 ⑤] 신탁의 합병·분할 등기

(1) 신탁의 합병 등기

【갑구】(소유권에 관한 사항)				
순위 번호	등기 목적	접수	등기 원인	권리자 및 기타 사항
3	소유권 이전	2012년 3월 5일 제3005호	2012년 3월 4일 신탁	수탁자 대한부동산신탁 112601-8031111 서울특별시 강남구 테헤란로 15(삼성동) 신탁 신탁원부 제2012-25호
4	신탁 합병으로 인하여 다른 신탁의 목적으로 된 뜻의 등기	2012년 7월 30일 제12345호	2012년 7월 27일 신탁 합병	3번 신탁 등기 말소 신탁 신탁원부 제2012-45호

※
1. 신탁의 합병·분할 등에 따른 신탁등기는 수탁자가 같은 경우에만 신청할 수 있다.
2. 신탁의 합병·분할 등으로 인하여 하나의 신탁재산에 속하는 부동산에 관한 권리가 다른 신탁의 신탁재산에 귀속되는 경우에는 신탁등기의 말소등기 및 새로운 신탁등기의 신청은 신탁의 합병·분할로 인한 권리 변경 등기의 신청과 함께 1건의 신청 정보로 일괄하여 하여야 한다.

(2) 신탁의 분할 등기

【갑구】(소유권에 관한 사항)				
순위 번호	등기 목적	접수	등기 원인	권리자 및 기타 사항
3	소유권 이전	2012년 3월 5일 제3005호	2012년 3월 4일 신탁	수탁자 대한부동산신탁 112601-8031111 서울특별시 강남구 테헤란로 15(삼성동) 신탁 신탁원부 제2012-25호
4	신탁 분할로 인하여 다른 신탁의 목적으로 된 뜻의 등기	2012년 7월 30일 제12345호	2012년 7월 27일 신탁 분할	3번 신탁등기 말소 신탁 신탁원부 제2012-45호

[별지 등기 기록례 ⑥] 위탁자 지위의 이전에 따른 신탁원부 기록의 변경 등기

【갑구】(소유권에 관한 사항)				
순위 번호	등기 목적	접수	등기 원인	권리자 및 기타 사항
2	소유권 이전	2012년 1월 9일 제670호	2012년 1월 8일 매매	소유자 김우리 600104-1056429 서울특별시 서초구 반포대로 60(반포동) 거래 가액 금200,000,000원
3	소유권 이전	2012년 3월 5일 제3005호	2012년 3월 4일 신탁	수탁자 대한부동산신탁 112601-8031111 서울특별시 강남구 테헤란로 15(삼성동) 신탁 신탁원부 제2012-25호

※ 탁자 지위의 이전이 있는 경우에는 수탁자가 위탁자 지위의 이전을 원인으로 하여 신탁원부 기록의 변경등기를 신청하므로, 등기 기록에는 변경 사항이 없다.

[별지 등기 기록례 ⑦] 소유권 일부 이전 등기와 신탁 등기의 변경 등기

【갑구】(소유권에 관한 사항)				
순위 번호	등기 목적	접수	등기 원인	권리자 및 기타 사항
5	소유권 이전	2012년 1월 9일 제670호	2012년 1월 8일 신탁	수탁자 대한부동산신탁 112601-8031111 서울특별시 강남구 테헤란로 15(삼성동) 신탁 신탁원부 제2012-25호
6	소유권 일부 이전	2012년 3월 5일 제3005호	2012년 3월 4일 매매	공유자 지분 3분의 1 김우리 600104-1056429 서울특별시 서초구 반포대로 60(반포동) 거래 가액 금200,000,000원 5번 신탁 등기 변경 원인 신탁재산의 처분 신탁재산 대한부동산신탁지분 3분의 2

[별지 등기 기록례 ⑧] 신탁 부동산의 수탁자 고유재산으로의 전환으로 인한 신탁 등기 말소

【갑구】(소유권에 관한 사항)				
순위 번호	등기 목적	접수	등기 원인	권리자 및 기타 사항
2	소유권 이전	2012년 1월 9일 제670호	2012년 1월 8일 매매	소유자 김우리 600104-1056429 서울특별시 서초구 반포대로 60(반포동) 거래 가액 금200,000,000원
				신탁 재산 처분에 의한 신탁 신탁원부 제2012-25호
3	2번 수탁자의 고유재산으로 된 뜻의 등기	2012년 3월 5일 제3005호	2012년 3월 4일 신탁재산의 고유재산 전환	2번 신탁 등기 말소 원인 신탁재산의 고유재산 전환

[별지 등기 기록례 ⑨] 신탁된 토지의 합필 등기

【갑구】(소유권에 관한 사항)				
순위 번호	등기 목적	접수	등기 원인	권리자 및 기타 사항
4	2번 김갑동 지분 전부 이전	2013년 1월 5일 제10호	2012년 9월 9일 신탁	수탁자 지분 2분의 1 진달래아파트재건축조합 112601-8031111 서울특별시 은평구 응암동 100
				신탁 신탁원부 1호
4-1	4번 소유권 변경			수탁자 지분 4분의 1 진달래아파트재건축조합 112601-8031111 서울특별시 은평구 응암동 100 합병으로 인하여 2013년 5월 1일 부기
5	3번 김을동 지분 전부 이전	2013년 1월 6일 제20호	2012년 9월 9일 신탁	수탁자 지분 2분의 1 진달래아파트재건축조합 112601-8031111 서울특별시 은평구 응암동 100
				신탁 신탁원부 2호
5-1	5번 소유권 변경			수탁자 지분 4분의 1 진달래아파트재건축조합 112601-8031111 서울특별시 은평구 응암동 100 합병으로 인하여 2013년 5월 1일 부기
6 (전4)	합병한 대 100㎡에 대한 이기 전2번 김상동 지분 전부 이전	2013년 1월 5일 제11호	2012년 9월 9일 신탁	수탁자 지분 2분의 1 진달래아파트재건축조합 112601-8031111 서울특별시 은평구 응암동 100
				신탁 신탁원부 3호
6-1	6번 소유권 변경			수탁자 지분 4분의 1 진달래아파트재건축조합 112601-8031111 서울특별시 은평구 응암동 100 합병으로 인하여 2013년 5월 1일 부기
7 (전5)	합병한 대 100㎡에 대한 이기 전3번 김병동 지분 전부 이전	2013년 1월 6일 제21호	2012년 9월 9일 신탁	수탁자 지분 2분의 1 진달래아파트재건축조합 112601-8031111 서울특별시 은평구 응암동 100
				신탁 신탁원부 4호
				합병으로 인하여 순위 제6번, 제7번 등기를 서울특별시 은평구 응암동 101에서 이기 접수 2013년 5월 1일 제1205호
7-1	7번 소유권 변경			수탁자 지분 4분의 1 진달래아파트재건축조합 112601-8031111

※ 등기관은 합필 등기를 한 후, 신청 정보에 표시된 합필 후의 공유 지분에 따라 변경등기를 하여야 한다.

함께 읽으면 좋은 책

- 김새별, 『떠난 후에 남겨진 것들』(청림출판, 2015).
- 김용규, 『백만장자의 마지막 질문 : 故 이병철 회장이 묻고 철학자 김용규가 답하는 신과 인간에 관한 근본적 통찰』(휴머니스트, 2013).
- 랍비 조셉 텔루슈킨 지음, 김무겸 옮김, 『유대인의 상속 이야기』(북스넛, 2014).
- 모니카 렌츠 지음, 전진만 옮김, 『어떻게 죽음을 마주할 것인가 : 아름다운 마무리를 위한 임종학 강의』(책세상, 2017).
- 박찬일, 『노포의 장사법 : 그들은 어떻게 세월을 이기고 살아 있는 전설이 되었나』(인플루엔셜(주), 2018).
- 브로니 웨어 지음, 유윤한 옮김, 『내가 원하는 삶을 살았더라면: 생의 마지막 순간에 남긴 값진 교훈, 죽을 때 가장 후회하는 5가지』(피플트리, 2013).
- 엘리자베스 퀴블러 로스 지음, 이진 옮김, 『죽음과 죽어감』(청미, 2018).
- 오츠 슈이치 지음, 황소연 옮김, 『죽을 때 후회하는 스물다섯 가지 : 1000명의 죽음을 지켜본 호스피스 전문의가 말하는』(아르테, 2015).
- 올리버 색스 지음, 이민아 옮김, 『온 더 무브』(알마, 2017).
- 월터 아이작슨 지음, 정영목·신지영 옮김, 『이노베이터 : 창의적인 삶으로 나아간 천재들의 비밀』(오픈하우스, 2015).
- 이나모리 가즈오 지음, 노경아 옮김, 『이나모리 가즈오의 인생을 바라보는 안목』(쌤앤파커스, 2017).
- 임순철, 『고령사회에서 자서전의 사회적 기능과 역할』(한국기록연구소, 2017).
- 조용헌, 『5백 년 내력의 명문가 이야기』(푸른역사, 2002).
- 지셴린 지음, 허유영 옮김, 『다 지나간다』(추수밭, 2009).
- 짐 스토벌 지음, 정지운 옮김, 『'최고의 유산' 상속받기』(예지, 2001).

제   C-2018-024716   호

저작권 등록증

1. 저작물의 제호(제목)   상속설계 십계명

2. 저작물의 종류   어문저작물>기타

3. 저작자 성명(법인명)   최재천
                          서울특별시 성동구 독서당로

4. 생년월일(법인등록번호)   1963년11월19일

5. 창작연월일   2018년09월01일

6. 공표연월일   –

7. 등록연월일   2018년09월14일

8. 등록사항   저작자 : 최재천,
                          창작 : 2018.09.01

『저작권법』 제53조에 따라 위와 같이 등록되었음을 증명합니다.

2018년 09월 18일

한국저작권위원회

제　　C-2018-024717　　호

저작권 등록증

1. 저작물의 제호(제목)　　상속 십계명

2. 저작물의 종류　　어문저작물>기타

3. 저작자 성명(법인명)　　최재천
　　　　　　　　　　　　서울특별시 성동구 독서당로

4. 생년월일(법인등록번호)　　1963년11월19일

5. 창작연월일　　2018년09월01일

6. 공표연월일　　–

7. 등록연월일　　2018년09월14일

8. 등록사항　　저작자 : 최재천,
　　　　　　　창작 : 2018.09.01

「저작권법」 제53조에 따라 위와 같이 등록되었음을 증명합니다.

2018년 09월 18일

한국저작권위원회

제   C-2018-024718   호

저작권 등록증

1. 저작물의 제호(제목)   상속증여 십계명

2. 저작물의 종류   어문저작물>기타

3. 저작자 성명(법인명)   최재천
                        서울특별시 성동구 독서당로

4. 생년월일(법인등록번호)   1963년11월19일

5. 창작연월일   2018년09월01일

6. 공표연월일   -

7. 등록연월일   2018년09월14일

8. 등록사항   저작자 : 최재천,
                       창작 : 2018.09.01

『저작권법』 제53조에 따라 위와 같이 등록되었음을 증명합니다.

2018년 09월 18일

한국저작권위원회

사진 크레딧 097 Denys Prykhodov / Shutterstock.com | 164 marcovarro / Shutterstock.com
232 Mike Maximize studio / Shutterstock.com

최재천 변호사의 상속 설계

1판 1쇄 | 2018년 10월 15일
1판 2쇄 | 2019년 2월 15일

지은이 | 최재천
펴낸이 | 박상훈
편집장 | 안중철
책임 편집 | 정민용

펴낸 곳 | 폴리테이아
등록 | 2004년 3월 27일 제2009-000213호
주소 | 서울 마포구 양화로6길 19, 3층 (서교동)
전화 | 편집 02 739 9929/9930 영업 02 722 9960 팩스 0505 333 9960

인쇄 | 천일문화사 031 955 8083 제본 | 일진제책사 031 908 1407

값 15,000원

ⓒ 최재천, 2018
ISBN 978-89-92792-50-9 13330

이 도서의 국립중앙도서관 출판예정도서목록(CIP)은 서지정보유통지원시스템 홈페이지
(http://seoji.nl.go.kr)와 국가자료공동목록시스템(http://www.nl.go.kr/kolisnet)에서
이용하실 수 있습니다.(CIP제어번호: CIP2018031624)

유 언 장

유언자

1. 성명 : _____
2. 생년월일 : _____ 년 _____ 월 _____ 일
3. 등록기준지(본적) :
4. 주소 : 시 _____ 구 _____ 동 _____ 번지 _____ 호

유언 사항

나는 다음과 같이 유언한다.

1. _____ 시/도 _____ 구/시 _____ 동 _____ 아파트 _____ 동 _____ 호는 남편/아내 _____ 에게 상속한다.

2. _____ 시/도 _____ 구/시 _____ 면 _____ 리 _____ 번지 근린 상가시설 건물은 장남 _____ 에게 상속한다.

3. _____ 시/도 _____ 구/시 _____ 면 _____ 리 _____ 번지 소재 대지 _____ 평은
장녀 _____ 와 차남 _____ 에게 균등하여 공동 상속한다.

4. 유언자 명의의 _____ 은행예금(계좌번호 _____) 및 _____ 증권 계좌에 있는 _____
회사 주식 _____ 주는 차녀 _____ 에게 상속한다.

5. _____ 시/도 _____ 구/시 _____ 면 _____ 리 _____ 번지 소재 전 _____ 평은
친모 _____ (주소: 시 _____ 구 _____ 동 _____ 번지, 주민등록번호: _____)에게 증여한다.

6. 친구 _____ 에게 대여한 금원 _____ 월 및 이에 대한 이자는 장남 _____ 이 상환 받도록 한다.

7. 상기 기재 외의 재산은 장남 _____ 이 상속하는 것으로 정하되, 아내 _____ , 장녀 _____ 와 협의하여 나눌 수 있다.

8. 유언집행자는 유언자의 친동생인 _____ 을 지정한다.

9. 장남 _____ , 장녀 _____ 는 서로 협심하여 우애 있고 화목하게 살아가기 바라며,
아내 _____ 를 효를 다해 모시도록 한다.

작성일 : _____ 년 _____ 월 _____ 일
유언자 성명 : _____ (인)

재 산 목 록

1. 현금 : 금액 _____ 원

2. 예금 : 금융기관명 _____ 계좌번호 _____

3. 보험(생명보험, 화재보험, 자동차보험 등) : 보험회사명 _____ 증권번호 _____ 해약반환금
   가입한 보험금 : 입차 보증금 _____ 원, 반환 예상금 _____ 원

4. 임차금 : 입차 보증금 _____ 원, 반환 예상금 _____ 원

5. 대여금 · 구상금 · 손해배상금 · 채권 등 : 채무자 _____ 채권 금액 _____ 회수 가능 금액 _____ 원

6. 매출금(개인 사업을 경영한 사실이 있는 분은 현재까지 회수하지 못한 매출금 채권)
   채무자 성명 _____ 채권 금액 _____ 원 회수 가능 금액 _____ 원

7. 퇴직금 : 근무처명 _____ 퇴직금 예상액 _____ 원

8. 부동산(토지와 건물)
   부동산(토지와 건물)

9. 자동차(오토바이를 포함한다)
   종류(토지 · 건물) 소재지 _____ 시가 _____ 원
   차종 및 연식 _____ 등록번호 _____ 시가 _____ 원

10. 기타 재산적 가치가 있는 중요 재산권(주식, 회원권, 특허권, 기금속, 미술품 등) : 품목명 _____ 시가 _____ 원

11. 최근 2년 이내에 주거 이전에 따른 임차 보증금을 수령한 사실
    처분 및 역식 _____ 등록된 담보권의 피담보채권 잔액 _____ 원

12. 최근 2년 이내에 이혼에 따라 재산분여(할)한 사실
    등기된 담보권의 피담보채권 잔액 _____ 원

13. 친족의 사망에 따라 상속한 사실 : _____ 년 _____ 월 _____ 일 _____ 의 사망에 의한 상속
    _____ 년 _____ 월 _____ 일 부 · 모 _____

상속 상황

   ㉠ 상속재산이 전혀 없었음
   ㉡ 신청인의 상속 포기 또는 상속재산 분할에 의하여 다른 상속인이 모두 취득하였음
   ㉢ 신청인이 전부 또는 일부를 상속하였음
   주된 상속재산과 그 처분의 경위 _____

14. 배우자, 부모, 자녀 명의의 1,000만 원 이상의 재산(1인 명의 재산이 1,000만 원 이상일 때)
    재산의 종류 _____
    재산의 명의자 _____ , 채무자와의 관계 _____
    재산의 시가 _____ , 재산에 관한 피담보채무 _____
    재산 취득 시기 _____
    재산 취득 자금 마련 경위 _____

사전연명의료 의향서

■ 호스피스·완화의료 및 임종과정에 있는 환자의 연명의료결정에 관한 법률 시행규칙 [별지 제10호 서식]

등록번호	※ 등록 번호는 등록 기관에서 부여합니다.		
작성자	성명	주민등록번호	
	주소		성별
	저는 회생 가능성이 없고 죽음에 가까워졌을 때를 대비하여 저희 가족과 저를 담당하게 될 의료진에게 다음과 같은 뜻을 밝혀 둡니다. 이는 제가 건전한 정신 상태에서 작성한 것입니다. 따라서 제가 이 문서를 파기하거나 철회하지 않는 한 이 문서는 계속 유효합니다.		
연명의료중단 등 결정	심폐소생술 ※ 심박동이나 호흡이 없을 때 시행합니다.	□ 시행 □ 시행하지 않음	
항목 별로 선택	혈액투석	□ 시행	

※ 자세한 방법은 첨부된 자료나 상담자의 설명을 참조하세요.	※ 신장 기능 저하로 혈액투석처치를 통해 신장의 기능을 대체하고자 할 때 시행합니다.	□ 시행하지 않음
	항암제 투여 ※ 암의 진행을 막기 위해 시행합니다.	□ 시행 □ 시행하지 않음
호스피스 이용 계획	호스피스 이용 계획 ※ 별 제2조 제6호에 따른 호스피스·완화의료로 동법 제28조에 따라 이용을 신청하셔야 합니다.	□ 이용이 있음 □ 원하지 않음
작성자의 기타 의견	※ 본인의 이견을 자유롭게 기술할 수 있으나, 연명의료 결정에 관한 이행 시점에 별률 범위 내에서 반영됩니다.	

사전연명의료의향서 등록기관 및 상담자 정보

주소 :

상담자 :

기관등록지정번호 :

전화 :